HAYMON verlag

Aleš Šteger
Logbuch der Gegenwart
Aufgehen

Aus dem Slowenischen
von Matthias Göritz
Mit einem Vorwort von
Carolyn Forché

Die Übersetzung wurde gefördert von der Slovenian Book Agency.

Auflage:
4   3   2   1
2027 2026 2025 2024

© 2024
HAYMON verlag
Innsbruck-Wien
www.haymonverlag.at

Alle Rechte vorbehalten. Kein Teil des Werkes darf in irgendeiner Form (Druck, Fotokopie, Mikrofilm oder in einem anderen Verfahren) ohne schriftliche Genehmigung des Verlages reproduziert oder unter Verwendung elektronischer Systeme verarbeitet, vervielfältigt oder verbreitet werden.

ISBN 978-3-7099-7235-9

Lektorat: Haymon Verlag / Nadine Rendl
Projektleitung: Haymon Verlag / Sarah Wegscheider
Buchinnengestaltung und Satz: himmel. Studio für Design und Kommunikation, Innsbruck / Scheffau – www.himmel.co.at
Umschlaggestaltung: Katja Maasböl, Hamburg, www.maasboelbuch.de, unter Verwendung von Aufnahmen des Autors in Santiago de Compostela, einem der Schauplätze im Buch
Fotografien: Aleš Šteger

Gedruckt auf umweltfreundlichem,
chlor- und säurefrei gebleichtem Papier.

Inhalt

6 *Carolyn Forché*
Die zwölf Texte des Logbuchs

23 Costa da Morte und Santiago de Compostela, Spanien
3. Oktober 2021

59 Magellanstraße, Punta Arenas und Porvenir, Chile
31. Januar 2022

89 Hargeisa, Somaliland
17. November 2022

123 White Sands, USA
2. April 2023

Carolyn Forché

Die zwölf Texte des Logbuchs

Rikschafahrer, nimm mich mit,
Bring mich an einen Ort,
Nimm mich mit in der Rikscha, sie kennt den Weg,
Nimm mich, nimm mich mit an einen Ort,
Wo ich noch nie war,
Wo ich auf mich warte.
– Logbucheintrag aus Kochi, Indien, am 23. März 2016

Dies ist die Schwelle: eine Einführung in zwölf Texte des Dichters Aleš Šteger. Die Schwelle: Ausgangs- oder Übergangspunkt, ein Ort, an dem etwas zu geschehen beginnt, ein Anfang, ein Eintritt. Wir überschreiten diese Schwelle nicht in eine wie auch immer geartete figurative Behausung. Es gibt kein Haus dahinter, keine Zimmer oder Gänge, keine Keller oder geheimen Dachböden.

Als ich die Einladung annahm, eine Einleitung zu den nun vollendeten zwölf Texten des Logbuchprojektes zu schreiben, hatte ich mir noch nicht vorstellen können, dass ich nach den Regeln des Dichters spielen würde: „Einen Ort zum Schreiben im Voraus festlegen. Ein öffentlicher Ort, wenn möglich. Ein Ort, der eine lebendige, unvorhersehbare Geschichte erzählt. Vorher ein Datum festlegen, um zu schreiben. Wenn möglich, ein Datum, das mit einer gewissen Menge an Erinnerungsgepäck beladen ist. Die Schreibzeit auf nicht mehr als zwölf Stunden begrenzen, innerhalb derer ein Text entstehen soll (oder auch nicht). Diesen Text so schnell wie möglich veröffentlichen, vielleicht sogar noch am selben Tag."

Nachdem ich lesend durch diese Texte gereist war, schien es mir jedoch, dass alle Wege zu dieser Einführung dazu führten, die gleichen Bedingungen zu akzeptieren, die für die Produktion der Lochbuchtexte maßgeblich waren. Meine zwölf Stunden beginnen jetzt, an einem Ostermorgen im Jahr 2023, drei Tage nach Pessach, am Ende der Karwoche in der westlichen Welt. Mein Standort ist der Text selbst. Ich befinde mich dort, wo ich lebe, ganz nahe des Potomac River. Vor mir sind zwölf Fenster, an einer

Wand zwischen zwei Fensterns hängt eine Schriftrolle, auf die ein Mönch das Zeichen für „Erwachen" im Jahr meiner Geburt auf Seide gepinselt hat. Aber der eigentliche Ort, der zum Schreiben dieses Textes gewählt wurde, ist die Sprache selbst, in der Form, die sie annimmt, wenn sie radikal einem anderen Körper, einem anderen Geist oder einer anderen Seele ausgesetzt wird. Dies ist ein Projekt über zwölf andere Orte, ja, aber auch über zwölf innere Reisen. Es ist ein Projekt des Geistes und des Bewusstseins, aber auch eines über den Zustand des Menschen, der sich in zwölf Teilen der Welt offenbart.

Nichts, was in den zwölf Stunden geschrieben wird, kann geändert oder gelöscht werden. Der mit Wasser und Tinte beladene Pinsel des Mönchs hat nur eine Chance, das Zeichen für *Satori* auf Seide zu bringen. Die Tinte ist unauslöschlich.

Diese Reisen werden vorwärts unternommen, von einem Moment zum nächsten, man setzt einen Fuß vor den anderen, so wie das Leben vorwärts gelebt und (wenn wir Glück haben) rückwärts verstanden wird. Die Hoffnung des Dichters ist es, Literatur zu einer Bewegung zu machen. Und so machen wir uns auf den Weg, nicht von einem exotischen Land oder einer unberührten Wildnis aus, sondern von hinter dem Schaufenster auf dem Platz der Republik in Ljubljana aus, wo der Dichter es unternahm, zwischen Schaufensterpuppen zu schreiben, während er auf das blickte, was an diesem Tag geschehen könnte, an dem nach der Prophezeiung der Maya die Welt untergehen würde.

Es ist kein Geheimnis, dass wir im zweiten Jahrzehnt dieses Jahrhunderts eine gewisse Vorahnung haben. Diese Vorahnung ist ein Leitgedanke dieses Werks, ebenso wie menschliches Mitgefühl, Wachsamkeit, Scham, Neugier, Einsamkeit und der Wunsch, die Welt so zu sehen, wie sie tatsächlich ist.

Wir beginnen also in einem Schaufenster, und in einem solchen Schaufenster hatte der Dichter zuvor ein aufschlussreiches Palimpsest von Spiegelungen, von *sich überlappenden Bildern* erlebt: *... Puppen in Kleidern, die jeweils mehr kosteten, als ein durchschnittlicher slowenischer Dichter verdient, sagen wir, in einem Jahrzehnt ... ein Mann, der sich vorbeugt, um eine Zigarette anzuzünden,*

Passanten, das eigene Spiegelbild. Jetzt schreibt der Dichter zum ersten Mal an einem Ort, den er sich als Ausgangspunkt gewählt hat: in einem Schaufenster eines Kaufhauses, das im Lärm der Weihnachtsmusik und im Klirren der Münzen lebendig wird, nur wenige Schritte von den Gebäuden entfernt, die die Zentren der Kultur, des Handels und der Regierung beherbergen.

Und gerade jetzt durchquert ein Fenster voll Morgenlicht die Schriftrolle an der Wand vor mir, und die Luft jenseits der Fenster füllt sich mit Vogelgesang. Ich warte auf die Sprache, wie Aleš, nicht als Beschreibung oder Reportage, sondern als Literatur, und ich erinnere mich an Rilke, der über Cézannes Werk schrieb, er hoffe auf etwas *Offenes, Helles, Schwereloses*, als ob dies ein Ort wäre, der ganz aus der Welt hinausführt.

Von allen zwölf Orten ist dies der einzige, mit dem der Dichter bereits vertraut ist. Er weiß zum Beispiel, dass in einer der Wohnungen am Platz der Republik einst ein Abhörgerät entdeckt wurde, *eine kleine Wanze, ein Mikrofon mit seinen Kabel-Tentakeln*. Ein Relikt aus einer anderen Epoche.

Der Platz, so wie er ihn wahrnimmt, ist gleichzeitig belebt und verlassen, und er fragt sich, ganz ehrlich und ohne Übertreibung: *Ist dies das Ende der Welt?* Und er wundert sich, wenn ja, wie er *hier, in diesem Schaufenster, landen* konnte.

In den Texten erleben wir fremde Welten durch die Augen und Ohren dieses Dichters, während er gleichzeitig sich selbst zur Schau stellt, eine singuläre Präsenz, ein Wahrnehmungsglied, das alle zwölf Orte verbindet. Er wird zu dem, was die Orte gemeinsam haben.

Die Prämisse ist, dass *Sprache intelligent ist*. Sie hält an diesen zwölf Orten literarisch Wache, stellt eine radikale Entblößung der Seele gegenüber der Umgebung in einer ausgedehnten Zeitspanne dar, während einer halben Umdrehung der Erde.

Es sind Orte, deren Namen gleichbedeutend sind mit Nachspiel, Aufruhr, Schweigen, Gefangenschaft; Orte, an die der Dichter kommen muss, zu denen er gerufen wird.

In meinem Zimmer mit den zwölf Fenstern erinnere ich mich an die Nacht, in der mich ein Auslandskorrespondent durch die Ruinen der Altstadt von Beirut führte, der *Place des Martyrs*, Gebäude wie ein schaler Kuchen, alles zerstört durch Waffenfeuer, mit Ausnahme der „Straße der Banken", wo die Tempel des Geldes in den Trümmern glänzten. Ich musste aufpassen, wo ich hintrat, denn überall lagen Stolperdrähte. „Ich dachte, ein Dichter sollte das sehen", sagte der Korrespondent.

... es geht darum, mich und damit meine Sprache in eine Situation zu versetzen, die mir keine andere Möglichkeit lässt, als zu reagieren, d. h. eine Situation, aus der es nur einen Ausweg gibt.

Der Schauplatz bewegt sich von einem Schaufenster zu einem Ort, wie er in der Presse zu sehen ist, mit *umgeblasenen Häusern, halbierten Brücken, Rettern mit Hunden, Schutzhelmen, Gasmasken, Schiffen, die inmitten von Feldern auf Grund gelaufen sind*. Ein Ort mit *verlassenen Reisfeldern, eine Stadt der Geister,* ein Ort *mit Geigerzählern, die in der Ukraine hergestellt wurden ...*

Wo *eine ungewöhnliche Musik* spielt, *ununterbrochen, als klapperten Skelette mit den Zähnen.* Fukushima.

Ich schaue auf die Schriftrolle, auf der der Mönch vielleicht nicht weit von dieser zweiten Stätte seinen Tuschepinsel geführt hat. Fünf Jahre nach Hiroshima und Nagasaki.

Jeder Tag, der einmal gelebt wurde, lebt noch immer in uns.

An diesem Ort, schreibt Aleš, *kann man Vögel nur am Sonntag und in der Nacht hören, im Schlaf.* Während ich schreibe, ist es Sonntag, und es gibt Vögel, auch hier, auf der anderen Seite der Welt, hier, wo die Kirschbäume aus dem Land von Fukushima noch blühen. Es scheint irgendwie wichtig zu sein, diese Konvergenz der Phänomene zu erkennen: Kirschblüten, die in das Gezeitenbecken schneien, während ich die Sprache lese, die unter der Hand des

Dichters entstanden ist, in einer *Zeit, die im Rhythmus der Halbwertszeit der Uran-Isotope tickt.*

Für den zweiten Ort hat der Dichter die Stadtbibliothek von Minamisōma gewählt, am 16. Juni 2013. In der Ukraine, dem Land, das die Geigerzähler herstellt, wird erst in acht Monaten ein Krieg beginnen. Die globale Pandemie ist noch sieben Jahre entfernt. Der Dichter ist schlaflos. Als der Tag beginnt, befindet sich der Dichter in einem Hotel in der Nähe des Hauptbahnhofs von Fukushima. Von seinem Fenster aus sieht er einen Parkplatz und Bahngleise, wie man sie von den meisten Hotels aus sieht, die für Durchreisende in der Nähe von Bahnhöfen und Häfen gebaut wurden.

Wie an jedem Ort der nächsten elf Jahre wartet der Dichter auf die Sprache, und es besteht immer die Möglichkeit, dass nichts kommt, dass das Papier vor ihm seinem Stift widersteht, dass seine Finger auf der Tastatur vor einem leeren Bildschirm unbewegt bleiben. Er hat sich nur eine halbe Erdumdrehung gegönnt, das Zifferblatt einer Uhr, die einmal von ihren Zeigern umrundet wird. Aber an jedem dieser Orte kommt die Sprache durch ein Wunder aus Geduld und Absicht an. Das Erstaunliche hieran ist, wie schön diese Texte sind, wie gut gemacht sie scheinen, als ob sie über Tage und Monate hinweg poliert wurden, obwohl in Wahrheit kein einziges Wort mehr verändert werden konnte, sobald es geschrieben war. Ganz wie das *Satori*, das auf Seide gepinselt wurde. Das ist eine der Regeln für das Gesamtwerk – und für Dichter, die es gewohnt sind, herumzubasteln, ist das vielleicht das schwierigste Gebot.

Dennoch fließt die Sprache aus dem Bewusstsein in die Hände. An jedem der zwölf Schauplätze kommt es zu einer Epiphanie. An diesem Ort ist es die Tatsache, dass die moderne, industrialisierte, „entwickelte" Welt durch die Katastrophe von Fukushima mehr beunruhigt wurde als durch Tschernobyl, das als Folge von *Fahrlässigkeit der Betreiber und der Kommunisten, veralteter Ausrüstung* usw. abgetan werden konnte. Fukushima ereignete sich *in unserer Nähe … innerhalb der zeitgenössischen Kontrollsysteme und hohen Standards.* Was hier geschah, könnte in jedem Reaktor in der westlichen Welt passieren, *seine Lebensdauer, meine und Ihre, halbiert sich.*

Die Welt, an der Aleš auf seinem Weg zur Minamisōma-Bibliothek vorbeikommt, scheint verlassen zu sein. Nach dem Erdbeben kam *der Tsunami wie eine Wand. Der Großteil dieser Wand besteht aus Sand, sieben, zehn Meter hoch, an einigen Stellen noch höher, eine Wand aus Wasser und Sand.* Diese Bibliothek ist ein Zufluchtsort für den Dichter, denn sie ist *geräumig und voller Bücher,* aber die Bücher sind nicht in der Sprache des Dichters geschrieben und können von ihm nicht gelesen werden, und so muss sich der Dichter mit der großen Einsamkeit in seinem Inneren begnügen.

Die zweite Offenbarung kommt durch einen buddhistischen Mönch, der einen Schrein in den Hügeln über Fukushima unterhält. Dem Mönch zufolge ist *es das Schlimmste, wenn Menschen sich selbst zu Opfern erklären, was ihre Passivität legitimiert.* Der Besuch des Dichters bei diesem Mönch ist ein Signalfeuer am Hang dieses (zweiten) Textes: Der Mönch glaubt, dass der Staat die Wahrheit über die Strahlenbelastung verschweigt, und er verkündet, dass *wir kein Leben führen können, wenn wir uns nicht mit dem, was passiert ist und was uns als Menschen betrifft, auseinandersetzen.* Ohne dieses Wissen, glaubt der Mönch, gibt es *keine Zukunft.* Dieses Fehlen eines Gefühls für die Zukunft, für die Möglichkeit einer erneuerten oder fortdauernden Existenz, zieht sich wie ein roter Faden durch die Seiten. Es geht nicht so sehr darum, dass die Welt untergeht, sondern darum, dass eine neue nicht beginnen kann, wenn wir uns nicht darüber bewusst werden, *wie viel zu hoch das Risiko ist, das durch unseren Lebensstil, unsere Energie-Völlerei, unsere zwischenmenschliche Völlerei, unsere Angst und unsere Vorurteile ausgelöst wird.* Was ist unsere Reaktion? Nichts, räumt der Dichter ein. *In der Tat, das ist unsere Reaktion: vergessen und schlafen. Schreiben bedeutet dagegen zumindest hin und wieder wach zu bleiben.*

Am dritten Ort wimmelt es von Menschen, denn wir befinden uns in Mexiko-Stadt, einer der bevölkerungsreichsten Städte der Welt. Das Element des Ortes ist das Feuer, und der Anlass ist ein Protest gegen den Tod der 43 Studenten der pädagogischen Hochschule von Ayotzinapa und gegen die Verhaftung von (zum Zeitpunkt des Textes) elf Studenten, die friedlich gegen diese Morde protestierten.

Die große Maschine unserer Zivilisation zerschmettert alles, was ihr in den Weg kommt. Und jetzt kommen ihr die Studenten in den Weg. Die Epiphanie des dritten Textes ist das Erkennen dieser Maschine. *Ich gehe durch die Geschichte, schreibt der Dichter. Es ist so dunkel von all dem Blut, dass nichts mehr zu sehen ist. Die Namen von Diktatoren, die Daten der Coups, die Haufen von Körpern, die Schichten der Zeit.*

Der dritte Text wird im Licht des Gewissens geschrieben, in Anerkennung des menschlichen Impulses, sich gegen das Unrecht aufzulehnen; es wird in der Nacht inmitten eines wachen Volkes geschrieben; in Solidarität mit denen, die bereit sind, einen Preis zu zahlen. *Der Protestmarsch versinkt in der Stadt wie in schwarzem Schaum; überall Totenköpfe.* Die Epiphanie dieses dritten Textes ist auch dies: *Es gibt keine Anführer mehr. Es gibt keine Intellektuellen mehr. Es gibt keine politische Linke mehr. Es gibt keine Gerechtigkeit mehr. Es gibt keine Regeln mehr, kein Recht. Es gibt keinen Staat mehr. Die Regierung, die wir an der Macht haben, steht für gesichtslosen Staatsterrorismus. Der Präsident ist Präsident ... weil er zufällig ist! Weil er, ohne dass es jemand merkt, ausgetauscht werden kann, ruft ein Demonstrant.*

Ich zitiere den Text ausführlich, weil es so viele strahlende Passagen aus dem Stegreif gibt, und weil ich Aleš' Texte als meinen Standort gewählt habe, weil ich in den letzten Monaten in ihnen gelebt habe und nun zwölf Stunden lang das Kunststück versuche, so zu schreiben, wie er schrieb, ohne zurückzublicken. Das Schreiben des dritten Logbucheintrages bringt uns Skelette und Totenmasken, Banner und Drohnen, Blut und einen Menschen mit Engelsflügeln, die Graffiti des Todes und diejenigen, die sich der Maschine des Todes entgegenstellen, d. h., wie es scheint, der Maschine unserer heutigen Zivilisation, die sich ihres eigenen Endes bewusst ist.

Der letzte, vierte Text im ersten Logbuchband. Lampedusa ist eine der Pelagischen Inseln vor der Küste Italiens im Mittelmeer. Am Ende dieses Satzes sollte klar sein, dass Aleš, wenn er schreibt, *Lampedusa liegt in der Mitte von Belgrad,* nicht meint, dass sich die sonnige Insel irgendwie aus dem Meer gehoben hat, um sich in

Serbien niederzulassen, sondern dass Lampedusa zum Synonym für das Schicksal von Menschen auf der Flucht vor den vom Westen geführten Stellvertreterkriegen geworden ist. Lampedusa ist eine Insel, auf der diejenigen, denen es nicht gelungen ist, das europäische Festland zu erreichen, in Zeit und Raum, im Elend und in der Abwesenheit von Hoffnung verharren. Der vierte Logbucheintrag ist die Behauptung, dass Lampedusa überall ist, sogar vor einem Busbahnhof, inmitten derer, die Belgrad ihre Stadt nennen. *Araber, Afrikaner, Kurden. Menschen, die ihr Zuhause zurückgelassen haben; zerstört und in Asche. Menschen, die ihr Zuhause fürs blanke Überleben oder zumindest für eine bessere Zukunft geopfert haben. Für jede Art von morgen.* Wiederum in Abwesenheit einer Zukunft.

Die Epiphanie des vierten Ortes besteht darin, dass diese Insel *als Outdoor-Internierungslager, als Strafkolonie, als Quarantäne-Bereich* wahrgenommen werden könnte, ja, aber sie ist auch überall, und vor allem in uns, die wir zwischen uns hier und denen da unterscheiden; wir versuchen, sie daran zu hindern, zu kommen, sie daran zu hindern, die Barrieren zu überwinden, die wir errichtet haben, um sie von uns fernzuhalten. An diesem Ort hält der Dichter in seinem Schreiben inne, um Essen für Flüchtlingskinder zu kaufen, um auf Parkbänken mit den Älteren ins Gespräch zu kommen, um zuzuhören und abwechselnd Ablehnung und Akzeptanz zu erfahren. Er hält inne und nimmt dann den Text wieder auf, der eine ergreifende und erschütternde Offenlegung all dessen ist, was er uns wissen lassen möchte, eine Antwort auf seinen eigenen Aufruf: *Irgendjemand sollte aufschreiben, was wirklich mit ihnen geschieht; was uns geschieht durch sie. Und noch wichtiger: Jemand, sollte es denn geschrieben werden, müsste es auch lesen. Es wird Zeit, nach Hause zu gehen. Aber wohin? Und wann?*

Der erste Text im zweiten Band führt uns nach Kochi in Indien. Es ist ein Text, der von Puls und Atem bestimmt wird. *Und ich ernähre mich ständig vom unablässigen Hunger nach der nächsten Epiphanie.* Aber hier ist alles Religion: *Alles ist Religion. Plündern ist Religion. Politik ist Religion. Und die Katze, die den Fisch frisst, ist Religion. Und der Chef der kommunistischen Gewerkschaft ist*

Religion. Die Moschee, der muslimische Friedhof, die Gräber, dicht gesät im Grünen, alles ist Religion. Das scheinbare Chaos, das den Dichter umgibt, ist ein Ritual. Jenseits der Sprache. Unbegreiflich und doch irgendwie eine Botschaft vermittelnd. Ein weiterer schimmernder Faden im Gewebe dieser Texte ist das Gefühl von etwas, das offenbart werden soll, eine Welt, die kurz davor steht, sich zu offenbaren, eine unentzifferbare Botschaft, die endlich verstanden wird. *Ich weiß nichts über meinen Weg, ich habe nicht mal eine Vorahnung von dem Weg. Also brauche ich einen Führer, um mich ins Unbekannte zu führen. Oder sieben, um mich hindurchzufahren.*

An diesem Ort findet der Dichter seine Vergils in sieben Taxi- und Rikschafahrern, die er bittet, ihn an einen Ort zu bringen, an dem er noch nie gewesen ist, an einen Ort, an dem er sich selbst erwarten wird. Er wird an sieben Orte gebracht, und die Epiphanie des Ortes ist, dass alles zu verschwinden droht.

Ein ungewöhnliches Gefühl, die Welt in ihrem Verschwinden zu bezeugen.

Vielleicht beginnt hier die Literatur.

Es weht ein leichter Wind, aber der Himmel ist wolkenlos. Über Nacht haben die Bäume scheinbar Blätter bekommen. Jenseits des Fensters bauen Tauben ein Nest in der Pergola, unter der eine lilafarbene Fontäne aus Glyzinien in der Luft hängt. Die Schriftrolle mit dem *Satori hängt* seit fünfundzwanzig Jahren an dieser Wand. Davor lag sie fast ein halbes Jahrhundert lang zusammengerollt im Dunkeln in einem Kloster in Japan, bevor sie irgendwie ihren Weg in eine Kunstgalerie in Stockholm fand, wo sie mir an einem Winternachmittag in die Hände fiel, als die Laternen die Straßen beleuchteten. Von seiner Stille überwältigt, hatte ich den Ladenbesitzer nach dem Preis gefragt, und er antwortete: „Wenn das Ihre einzige Frage ist, kann ich es Ihnen nicht verkaufen." Aber sie ist hier, bei mir, wie schon seit fünfundzwanzig Jahren, also kann ihr Preis nicht meine einzige Frage gewesen sein.

Ich wache im Licht auf, schreibt der Dichter, *in einem Überfluss von Licht.*

Wir sind am sechsten Ort: auf Solovki, Russland. *Ein Archipel der Einsamkeit.* Die Insel eines alten Klosters und eines berüchtigten Gefängnisses an ein und demselben Ort. Die Insel des heiligen Glaubens und der unsäglichen Folter. Die Insel der heiligen Ikonen und keiner Nacht. Die Erleuchtung ist diese: Es *gibt zwei Möglichkeiten. Die erste: Die Zeit heilt alles, die Zeit vergisst alles, die Zeit löscht alles aus und der Raum befreit sich von selbst durch neue Energie, erholt sich. Die zweite Möglichkeit: Nichts ist vergessen, nichts ist geheilt, alles bleibt, das Gedächtnis ist unauslöschbar ... die Information wird vererbt, wird weitergegeben, hält an.* Diese beiden Möglichkeiten werden in allen geistigen Disziplinen und auch in der Kunst eins. Dieser sechste Ort des Logbuchs ist ein Rätsel, eine Vermischung von Gut und Böse und damit ein Ort der Innerlichkeit. Solovki wird Synonym für Gulag. Am Ende dieser Reise gibt es eine Erfahrung, für die es keine Worte gibt. *Ein paar Kilogramm Schweigen* auf einer Insel der Massengräber.

Ein Jahr später befinden wir uns in der bevölkerungsreichsten Stadt der Welt, in Shanghai, dem größten Containerhafen auf Erden. An diesem siebten Ort beginnen wir den Tag mit der Überprüfung des Luftverschmutzungsindexes und führen dann ein Gespräch mit einem Arzt über die Erfindung des Papiers: Es lässt sich biegen, ist leicht und lange haltbar. *Was wäre Poesie,* fragt der Dichter, *ohne Papier?* Aber das Papier verschwindet aus der Welt und wird durch Handys ersetzt. *Klicks haben Papier ersetzt ... Kein Stück Papier, keine Zeitungen oder Müll.* Dafür gibt es einen Grund, werden wir erfahren. Aber zuerst müssen wir verstehen, dass es die Luft und das Wasser sind, die die Menschen töten. *Genaue Zahlen sind nicht bekannt, aber in den letzten zehn Jahren sind es höchstwahrscheinlich Millionen von Todesfällen ... Und es gibt* hier *mehr als vierhundert sogenannte Krebsdörfer ... in der Nähe von industriellen Umweltverschmutzern ...* Luft und Wasser.

Der Dichter besucht den Finanztempel, in dem ein künstlicher Teich mit Kois angelegt ist und aus dem man nicht viel lernen kann. Eine Wand aus Glas. Wo *kollektive Ignoranz ein sorgfältig gehütetes Geheimnis* ist.

Hier schreibt der Dichter zwölf Stunden lang in einer menschlichen Zukunft, die er bereits zu besuchen vermag und die an die Gegenwart angrenzt. Er nimmt uns mit in die U-Bahn, besucht ein Altersheim, wir fahren mit dem Bus und dem Fahrrad, und schließlich kommen wir auf die Müllkippe, zur Sortierstation für die Megapolis Shanghai, ihr Papier, ihre Dosen, ihr Plastik. Unser Vergil von der Müllkippe ist ein Papierhändler, wobei Zeitungen für ihn am wertvollsten sind, *zwei Yuan pro Kilogramm*, gefolgt von Pappe. Bücher sind am wenigsten wert, *ein Yuan pro Kilogramm*. Jetzt, wo die Stadt gebaut ist, fragt sich der Papierhändler, *was machen die Bauarbeiter jetzt? Die Fabrikproduktion wird mehr und mehr automatisiert ... Wohin sollen all die Leute gehen, was werden sie tun?*, fragt er. Vielleicht ist dies die Epiphanie vom siebten Logbucheintrag: die Frage, was geschehen wird, wenn der Bau der Welt beendet ist.

Wir verlassen also die Zukunft und tauchen in die Vergangenheit, tauschen Shanghai mit Bautzen/Budyšin, in Deutschland, wo die Welt vergilbt erscheint, die Farbe des Davidsterns der nationalsozialistischen Vergangenheit, die in gewisser Hinsicht für diese Stadt andauernde Gegenwart ist. Der achte Logbucheintrag. Das Gelb des *Tages, des Frühlings, der jungen Blätter der Birkenkronen, der Blüten, des Eigelbs, der Westen der Feuerwehrleute*. Dies ist die Stadt, in der sich das Gefängnis der deutschen Geheimpolizei befand, *ein gutes Beispiel für eine europäische Stadt – ein Ort der Grenzen, der Schönheiten und Leiden*.
Gelb ist Geschichte. Gelb deren Schrecken, die Fäulnis, die unerhörten Perversionen und Wahnvorstellungen. Gelb sind die Worte der Geschichte und ihrer Apostel.
Jeder weiß für sich selbst, was wichtig ist und was nicht.
Hier erfährt der Dichter, dass es eigentlich zwei Gefängnisse gab, Bautzen 1, genannt *Das Gelbe Elend*, und Bautzen 2, Letzteres meist ein Geheimnis. Die *Häftlinge hausten viele Jahre allein in ihren Zellen*, erfährt er, und auch, dass es überall Nazis gibt, in der ganzen Stadt, sogar beim Militär und im öffentlichen Dienst, manche die Nachkommen von Nazis aus der Reichszeit, manche nicht. Wir erfahren etwas über die angewendeten Foltermethoden, die mit Nacktheit, Wind und Eis zu tun haben. Wir erfahren von der wässrigen Suppe, mit der die Gefangenen gefüttert wurden, von der Isolation, in der sie lebten. Wir stehen vor den gelben Plakaten und lesen die Fakten.

Die Fotos zeigen ein Kriegsdenkmal, ein Messer und einen Plastiklöffel auf einer Parkbank, Windspielzeug, Grabsteine und Forsythien, einen Kiosk mit einem gelben Plakat und im Inneren des Gefängnisses gelbe Geländer an einer Treppe, eine Landkarte, Münzen, Windmaschinen und Demonstranten mit ihrem Schild: Islamisten nicht willkommen. Der Wärter erzählt dem Dichter von den Nazis, von ihren Konflikten mit Einwanderern und Linken. Er zeigt dem Dichter die Kriegsgräber. *Gelb sind die Gräber. Gelb sind die Stiefmütterchen auf den Gräbern.* In den Seiten des achten Logbucheintrages erfahren wir etwas darüber, was nach dem Fall der Berliner Mauer geschah.

Wir erfahren, dass es in der Stadt noch ein anderes Volk gibt, die Lausitzer Sorben. Ihre Sprache ist Sorbisch, eine slawische Sprache. Das ist Budyšin, eine Stadt in der Stadt. *Jeder, der in einer Sprache mit wenigen Sprechern schreibt, kennt die Situation ... Unsere Sprache ist doppelte Minderheit. Erstens, weil man vom Rest der Welt nicht verstanden wird. Und zweitens, weil die Sprache der Literatur auch in unserer Sprache eine Minderheitensprache ist. Weil Literatursprache immer Minderheitensprache ist.*

Dies bringt uns zur achten Epiphanie: *Wie kann ein Schriftsteller nicht solidarisch sein, im kulturellen Sinne, mit Minderheiten, mit den leicht Verwundbaren und den Unterdrückten, mit allen, die Hilfe brauchen?*

Der neunte Ort ist eine Pilgerfahrt zum Ende der Welt, zur Costa da Morte und führt bis nach La Coruña, wo die Küste des Todes endet. Sogar der Tod. Der neunte Ort ist auch Santiago de Compostela. Dort schreibt der Dichter: *All das passiert, und ich tippe nur und bin Ihnen dankbar, dass Sie das hier lesen.*

Die Erleuchtung ist diese: *Ich bin ein Mensch, und das bedeutet, dass ich in all den Jahrtausenden wirklich nichts, nichts, nichts, absolut nichts gelernt habe.*

Die Sonne steht tief und wird gleich von den Ästen der Bäume am Potomac River aufgefangen. Ich habe den Stuhl nicht verlassen, außer um ein wenig zu essen und zu trinken. Ich möchte etwas von dem schreiben, was der Dichter auf seiner neunten Reise erlebt hat, aber mir läuft die Zeit davon. Es kommt die zehnte Stunde.

Und so gelangen wir nach Punta Arenas und Porvenir in Chile, dem Ort der Dunkelheit und des Windes, am fünfhundertsten Jahrestag von Magellans Weltumsegelung.

Dunkelheit bedeutet nicht, dass es keine Sterne gibt. Dunkelheit bedeutet nur, dass wir sie nicht sehen können.

Dichter haben sich hier versammelt, um zum zweiten Mal „das Universalgedicht" in Richtung des Coalsack-Nebels zu entsenden, der einst nach Magellan benannt wurde. *Seine Weltumsegelung bewies, dass unser Planet rund ist ...*

Das „Universalgedicht" enthält zweiundzwanzigtausend Verse von Dichtern aus aller Welt, mehr als zehntausend Dichter, und einige von ihnen haben sich hier versammelt. Aleš ist hier. *Das Universalgedicht wird sechshundert Lichtjahre brauchen bis zum Coalsack Nebula.*

Es ist ein Gedicht, das noch niemand ganz gelesen hat, ein Gedicht, das niemand ganz verstehen kann.

Was auch immer geschrieben wird, selbst der scheinbar größte Unsinn, ist ein Gedicht.

Weil Sinnlosigkeit auch ein Teil der Menschheit ist, und wie. Dies ist die Epiphanie des zehnten Logbucheintrages.

Der elfte Ort: Somaliland, ein staatenloser Ort, ein nicht anerkanntes Land.

Obwohl sie mancherorts schon seit Generationen in städtischen Umgebungen leben, sind die Menschen hier immer noch Nomaden, die jederzeit all ihre Besitztümer, einschließlich ihres Zeltes, auf ein Kamel laden und weiterziehen könnten.

Wie weit würden sie gehen, wenn sie Schriftrollen oder gar Bücher mit sich führen müssten? Deshalb tragen sie Gedichte und Geschichten in ihren Köpfen, schwerelos ...

Bis vor kurzem konnten die meisten Dichter weder lesen noch schreiben.

In Gedichten und Liedern bewahrten sie die kollektive Erinnerung an Ereignisse, Nöte und Konflikte, und in einer Vielzahl von Versformen rezitierten und überlieferten die Dichter die Zeilen ihrer Vorfahren von Generation zu Generation, mit dem klar definierten

Ziel, ihrer unmittelbaren Gemeinschaft, ihrem Volk, zu helfen, wenn sie sich in einer ähnlichen Situation wie ihre Vorfahren befanden.

Die elfte Epiphanie kommt bald im Text: *Wir haben alles und wir haben alles verloren.*

An diesem elften Ort wird uns der Dichter erzählen, dass er zum Frühstück würzige Kamelleber gegessen hat und andere Dinge; dass *die Bibliothek zum Beispiel in eine Polizeistation umgewandelt wurde* und *die Reste des Theaters in ein Einkaufszentrum*. *Wir* hingegen *haben Bibliotheken und wir haben Archive, wir haben das Internet und wir haben Museen. Gleichzeitig vermissen wir uns selbst immer mehr.*

Somaliland ist der Ort eines Völkermords. In einem beunruhigenden Detail erfahre ich, dass einer der Täter, Tukeh, jahrelang am Flughafen Dulles in Washington gearbeitet hat und auch für Uber fuhr. *Als Fahrer hatte er eine sehr hohe Kundenzufriedenheitsbilanz, aber in Wirklichkeit war er der Schlächter von Hunderten von Menschen.* Vielleicht bin ich in seinem Auto mitgefahren, und wenn ja, hätte ich ein Gespräch begonnen und er hätte in den Rückspiegel gelächelt.

Die Reise in Somaliland ist reich strukturiert und voller Wunder, aber auch voller zärtlicher Momente, die mit kulturellen Unterschieden zu tun haben, die in dieser Zeitspanne nicht dargestellt werden können.

Der zwölfte Ort, White Sands, USA, das Testgelände und der Park, den Aleš erst vor wenigen Tagen besucht hat, doch ich habe den Text schon auf Englisch vor mir liegen, den endgültigen Text. Sein bestimmendes Element ist das Licht.

… das Licht hinter dem Licht, das Licht im Licht, das Licht des Unsichtbaren und Unbeschreiblichen … Es muss alles noch geschehen, denn es ist bereits geschehen, aber in einem für menschliche Augen unsichtbaren Licht.

Dies ist der Ort: Trinity Site, wo am Morgen des 16. Juli 1945, um genau 5:29:49 Uhr Mountain War Time, die erste Atomexplosion ausgelöst wurde und Oppenheimer, der Vater der Atombombe, aus der Bhagavad Gita verkündete: „Ich bin der Tod geworden,

Zerstörer der Welten." Keinen Monat später wurden Hiroshima und dann Nagasaki zerstört, und mit diesen Städten auch die zukünftige Sicherheit der Erde. Seitdem wurden in White Sands mehr als zweiundvierzigtausend Raketentests durchgeführt. 15. Juni 1972. Ich zeltete mit einem Freund in der Wüste, nicht weit von White Sands entfernt, aber weit genug abseits, dass wir die Umgebung nicht sehen konnten. In der Nacht zuvor hatten wir unter einem Sternenteppich geschlafen, die Tiefe unserer Galaxie war sichtbar. In der Hitze des Tages suchten wir Schutz unter Felsbrocken. Ich erinnere mich, wie ich beim Gehen zu nahe an einen Ocotillo-Strauch herankam und mir die Stacheln aus der Hand ziehen musste. Ich erinnere mich an die Stille, die fast sichtbar war. Und dann geschah etwas, was wir jahrelang nicht verstehen würden. Es gab einen plötzlichen Riss in der Welt, einen kurzzeitigen Verlust der Luft, ein leichtes Zittern von allem, was uns umgab. Als es vorbei war, zeigte mein Freund, der sich mit solchen Dingen auskannte, auf den Horizont und sagte: „White Sands. Sie müssen etwas testen. Wir sollten verschwinden." Jahre später erfuhr ich aus einer beiläufigen Zeitungsspalte, dass am 15. Juni 1972 eine Besatzung des 42. Bombengeschwaders der Loring Air Force Base in Maine den ersten Teststart einer nuklearen Luft-Boden-Rakete kurzer Reichweite über dem White-Sands-Testgelände in New Mexico durchführte. Die Rakete hatte eine Reichweite von fünfzig Meilen.

Ich erzähle Aleš nichts davon, als er mir anvertraut, dass sein letzter Standort White Sands sein wird.

Wir folgen ihm zu einem Parkplatz, wo eine Frau auf dem Dach ihres Autos mit einem Messer Welpen zu töten scheint. Es kommt zu einer Konfrontation mit der Polizei, er hört einen Schuss, und die Frau wird auf einer Bahre weggetragen.

Wir folgen ihm durch die Gipsdünen, die nicht wie andere Dünen wandern, weil sich unter ihnen ein See befindet.

Er findet einen blattlosen Baum, der tapfer aus der Wüste wächst, und wir setzen uns zu ihm.

Das Logbuch war immer ein Versuch, den unverständlichen Sprachen der Welt zu lauschen.

Wir folgen ihm zur White-Sands-Testing-Site, zum Ground Zero, wo Besucher nur zweimal im Jahr zugelassen sind. Hier gibt es nichts: am Ort einer nuklearen Detonation. Ich suche in jeder Zeile des Textes des zwölften Logbucheintrages nach der Epiphanie, und ich finde sie in allem. Die einzige und wichtigste Erkenntnis ist die offensichtliche.

Der Text, mit dem ich mich zwölf Stunden lang beschäftigt habe, endet mit einer Litanei von Momenten, die von Spiegelungen in Fenstern, Origami und künstlichen Flügeln, einem Geige spielenden Mädchen auf einer Gefängnisinsel handeln. Mein Favorit ist dieser: *Die Poesie ist wie eine Pflanze, die in White Sands wächst und über die ich gelesen habe. Sie heißt Reina de la noche, sie blüht nur eine Nacht lang. Man muss sie in der Dunkelheit sehen. Und demjenigen, der das tut, wird Glück prophezeit.*

Glück ist also möglich – auch in einer zerstörten Welt –, das ist es, was es bedeutet. Glück ist so menschlich wie alles andere auch.

Es ist dunkel jetzt, Nacht, die zwölf Stunden sind vorbei, und irgendwo in der Dunkelheit blüht vielleicht, wenn dies *die* Nacht ist, die Reina de la noche, für den, der sie sieht.

Costa da Morte und Santiago de Compostela, Spanien
3. Oktober 2021

Santiago de Compostela: Die bloße Erwähnung dieses Ortes weckt seit einem Jahrtausend außergewöhnliche Emotionen. In der Vergangenheit pilgerten die Menschen dorthin auf der Suche nach Glauben, als Zeichen der Buße, um den Fesseln der Heimat zu entkommen oder aus allen möglichen anderen Gründen. Oft riskierten sie dabei ihr Leben. Eine Reise nach Compostela kam schon im Mittelalter einer christlichen Pilgerfahrt zu den beiden anderen heiligen Städten, Jerusalem und Rom, gleich. In der Neuzeit hat sich das stark verändert. Im Zeitalter des Massentourismus wandern nicht mehr nur die Gläubigen auf dem Camino. Für die meisten Reisenden bleibt der Weg dennoch mit ihrer Spiritualität verbunden. Viele, die nach Hunderten von Kilometern Fußmarsch in Santiago ankommen, setzen ihre Reise bis ans Ende der Welt fort, nach Finisterre und Muxía, zwei Küstenorte, knapp neunzig Kilometer westlich von Santiago. Es ist das einzige Stück des Pilgerweges, das nicht in Santiago endet, sondern dort beginnt und weiter bis an den westlichsten Punkt des alten Kontinents führt. Der Pilgerweg, der für viele immer noch eine Suche nach Selbsterkenntnis darstellt, hat sich während der Pandemie dramatisch verändert. Ich fragte mich vor meiner eigenen Reise, welche Art von Pilgern ich antreffen werde, wie wohl die Einheimischen in einer Zeit, in der die Angst vor Ansteckungen unser tägliches Leben beherrscht, auf Neuankömmlinge und potenzielle Virusträger aus aller Welt blicken werden. Sind Hoffnung und der Wunsch nach Selbstfindung stärker als die gesetzlichen Einschränkungen? Und was verbirgt sich hinter dem Ende der Welt, wo ganz am Ende Galiziens die berüchtigte Küste des Todes, die Costa da Morte, liegt?

Ich sehe die Geburt.

Eine kraftvolle, klare Geburt, die das Meer für einige Augenblicke grün färbt und dann über die Schichten aus weißen, schäumenden Kristallen hinausgeht und blendet.

Ich sehe die Geburt, wie sie sich jenseits des Kaps im Osten erhebt und es unmöglich macht, zu sehen, was in der scharfen Dunkelheit der Buchten, die dramatisch in das bewegte Graublau abfallen, herumpoltert.

Costa da Morte. Wenn ich noch ein paar Tage mehr hätte, würde ich weiter nach Nordwesten laufen, bis nach La Coruña, wo die Küste des Todes endet.

Oder ich würde dorthin zurückgehen, wo ich gestern hergekommen bin, nach Süden, in Richtung Finisterre und darüber hinaus.

Ich sehe die Geburt, und während ich dies schreibe, wird das Licht gelb. Es ist klar und unausweichlich geworden, kraftvoll, eine Lichtzange, die aus mir herausragt und mit seiner Spitze die Sonne berührt.

Elektrische Windturbinen am Horizont, ein paar Fischerboote, ein Tosen und mächtiges Schäumen, wenn sich die Wellen an den schwarzen Felsen brechen, die überall aus dem Wasser ragen als treue Soldaten des Windes.

Ich höre eine Kirchenglocke neunmal läuten. Es ist schon spät und zugleich auch früh.

Ich stehe auf, doch meine Beine wollen nicht mehr.

Ich hinke wie meine achtzigjährige Großmutter, als sie noch lebte, schwanke hin und her wie ein Mast, der vom Meer geschaukelt wird.

Ich gehe ein paar Schritte weiter und der Blick öffnet sich auf den offenen Ozean: die Küste vor Muxía, die Kirche von Virxe da Barca, ein Leuchtturm, und hinten, in der Ferne, verschwindet ein Regenbogen, gleitet über den offenen Horizont, dorthin, wo nichts mehr ist.

Nichts, außer dem Ende der Welt.

Denn auch am Ende, hinter dem Ende der Welt, muss es etwas geben.

Das wussten nicht nur die Römer, Dante und Borges.

Es ist das Ende, das wir in uns tragen.

Sie klingt wunderschön, Eliots Zeile aus dem Gedicht *Vier Quartette*: „In meinem Anfang ist mein Ende."

Klug ausgedrückt.

Aber wir sind nicht immer klug.

Und mit der Weisheit ist es wie mit allen Farben: Immer wieder wird sie von der Nacht überdeckt.

Eine Nacht voll grollendem Regen.

Jetzt liegt der Regenbogen vor mir.

Vor Jahren hätte ich wahrscheinlich in mir selbst eine Hemmung gespürt.

Es ist zu schön, um darüber zu schreiben. Ich hätte Angst gehabt, dass meine Kollegen mich für meine Naivität auslachen würden.

Aber jetzt bin ich dankbar für alles Schöne, für alles, was ich erlebe.

Ich will damit nicht sagen, dass es mir jetzt egal ist, was Kollegen, Leser, Freunde denken. Ganz im Gegenteil.

Aber in der Naivität, in der Hoffnung und im Vertrauen erkenne ich eine Form von Nahrung, die elementar ist, wegen der sich die Welt bewegt und ihr Ende so mächtig und schwer fassbar vor uns liegt.

Ich bin am Ende angekommen und sehe den Anfang des Tages.

Licht umhüllt die Granitblöcke, aus denen die Kirche vor mir gebaut wurde.

Sie hat ein neues graues Dach.

Vor ein paar Jahren schlug hier ein Blitz ein, der sie in Brand setzte.

Jahrhunderte alte Verzierungen wurden in einer Nacht ausgelöscht.

Neben dieser Kirche befindet sich eine Markierung für den Pfad nach Compostela.

Alle Wege führen nach Rom.

Daher kommt das Wort „Pilger" (romar) in meiner Sprache.

Oder sie führen nach Jerusalem.

Tatsächlich aber führen seit mindestens einem halben Jahrhundert alle Wege nach Compostela.

Ich erinnere mich an die Geschichte eines galizischen Schriftstellers, der in Frankreich direkt an der Straße nach Compostela lebt.

Ich meine den Weg von Paris nach Compostela, den Luis Buñuel in seinem Film „La Voie lactée" so schön inszeniert.

Der galizische Schriftsteller erzählte mir einmal, dass bis in die 1980er Jahre ein paar Dutzend Menschen pro Woche den Weg, der an seinem Haus vorbeiführt, gingen. Dann, Anfang der 1990er Jahre, stieg die Zahl der Pilger. Innerhalb von zwei, drei Jahren verzehnfachte sie sich.

Vor der Pandemie wurde Compostela jedes Jahr von etwa einer Viertelmillion Menschen besucht. Die meisten von ihnen waren Deutsche, Italiener, Franzosen oder Spanier. Aber auch die Zahl der Asiaten, insbesondere der Koreaner, war vor der Pandemie stark angestiegen.

Etwa zwei Millionen Gläubige besuchen Santiago jährlich. Zumindest waren es vor der Covid-19-Pandemie so viele.

Nicht alle Wege führen nach Rom, sie führen nach Santiago.

Nur ein Weg aber endet nicht in Santiago, sondern beginnt dort. Und er führt zum Ende, das zugleich am Beginn eines politischen und religiösen Wunders steht – vom Pilgerweg von Santiago bis ans Ende der Welt, an die Todesküste im Westen, die Costa da Morte.

Ich beobachte einen Pilger, der das Ende der Welt fotografiert. Der Wind rüttelt an seiner wasserdichten Hose.

Ein anderer Pilger fährt Fahrrad. Er hat es an den Grenzstein von Compostela gelehnt. Auch er macht Fotos, um sie zu Hause oder Bekannten zu zeigen oder um sie in den sozialen Medien zu posten.

Ich sehe eine Pilgerin, die ein Selfie vorm aufschäumenden Meer macht.

Es handelt sich um eine Nachfeier der Wallfahrt.

Dies ist ein touristisches Dessert.

Dies ist eine Wochenendtour für religiöse Verrückte und für gewöhnliche Wanderer, für Suchende nach dem Sinn des Lebens

und für diejenigen, die des Lebens Absurditäten in vollen Zügen ausleben.

Während ich dies schreibe, ist die Welt noch immer ohne Zukunft, wie man sie kannte.

Was für ein Paradoxon, wenn man seine eigene Zukunft kennt.

Vor zwei Jahren wurde alles auf den Kopf gestellt.

Die Welt, wie wir sie kannten, hielt inne.

Es war das Sterben der Welt, das Ende der Welt, wie wir sie kannten.

Überall war Costa da Morte, die Todesküste.

Eine innere Costa da Morte, in unseren geschlossenen Wohnungen, in unseren oft verkommenen Beziehungen zu geliebten Menschen, in unserem Verhältnis zur Umwelt und zueinander.

Costa da Morte.

Eine Legende besagt, dass der Leichnam des Heiligen Santiago, des Heiligen Jakobus, der Beschützer Spaniens, hierher, an die

Todesküste, gebracht wurde, nachdem Herodes ihn 44 n. Chr. hatte enthaupten lassen.

Sein Kopf blieb in Jerusalem, und einer Version dieser Legende zufolge wurde sein Leichnam von seinen Schülern nach Spanien geschmuggelt, wo er angeblich schon zu Lebzeiten die christlichen Lehren verbreitet hatte. Nach einer anderen Version wurde er von Engeln, von einer Art Air Angelica, nach Spanien transportiert, und zwar in einem versiegelten Metallsarkophag. Dieser wurde später ins Landesinnere Galiziens transportiert, wo er einige Jahrhunderte lang in Vergessenheit geriet, bis göttliche Zeichen den Bauern, der sein Feld bestellte, wissen ließen, dass sich unter der Glut ein Heiliger verbarg.

An diesem Ort entstand also eine Kathedrale und um sie herum Santiago de Compostela.

Und mit dem Bau der Kathedrale nahmen auch die Wallfahrten zu.

Die Kirche unterstützte das.

So reichen die Wallfahrtsgeschichten bis in die Zeit der Pest zurück.

Heute wandern wir auf gut markierten Wegen, zwischen Pilgerherbergen und Luxushotels. Früher aber bedeutete die oft jahrzehntelange Reise nach Santiago die Erfüllung des Lebenssinns.

Viele Leben endeten auf dieser Reise.

In den schwersten Zeiten, als die Pest zu einer schweren Lebensmittelknappheit führte, wurden Pilger gekocht, gebraten und verspeist.

Oder zumindest regelmäßig ausgeraubt, massakriert, verstümmelt.

Der Albtraum der Pilger war die Nacht. Während sie sich tagsüber zu größeren Gruppen zusammenschlossen und relativ sicher umherziehen konnten, konnte jede Nacht ihre letzte sein.

Schon damals pilgerten sie aus unterschiedlichen Motiven. Sehr oft als Buße für eine begangene Sünde. Wenn man jemanden ermordet hatte, musste man zehn Jahre lang pilgern. Bei Vergewaltigung waren es fünf Jahre.

Die Wohlhabenden konnten Ablässe für ihre Sünden zahlen oder jemanden für Geld dazu bringen, in ihrem Namen eine Pilgerreise zu unternehmen.

Auf dem Pflaster von Santiago ist eingraviert, dass Europa auf dem Pilgerweg nach Santiago entstanden ist.

Dies gilt umso mehr, weil der Weg nicht nur ein religiöses, sondern auch ein wirtschaftliches und menschliches Phänomen ist.

Es ist ein Weg, auf dem menschliche Leidenschaften, gute Absichten, wie die Aufnahme von Außenseitern, die Hilfe für Fremde, die selbstlose Aufopferung für das Gemeinwohl, auf dramatische Weise mit dem Schlimmsten im Menschen, mit Mord, Erpressung, Betrug, Krankheit und Verzweiflung, kollidieren.

Vielleicht ist es gerade jetzt, in einer Zeit, in der wir noch immer keine neue Zukunft gefunden haben, in der noch immer täglich Tausende an der Pandemie sterben, in der auf der einen Seite Pharmakonzerne unermesslich reich werden und andere Sektoren verarmen, in der neue, zerstörerische und oft undemokratische Politikformen entstehen – ein Heute, in dem der Wahnsinn regiert und jeder seine Überzeugungen, seine kleinen Privatreligionen mit Hilfe des Internets verkünden kann –, vielleicht ist es gerade jetzt notwendig, auf den Ozean zu schauen, ihm zuzuhören.

Costa da Morte.

Ich weiß, Sie erwarten ein besseres Rezept.

Man würde sich etwas Konkreteres wünschen.

Aber ich bin kein Apostel.

Zwar habe ich meinen Kopf behalten, und meine Beine, aber nur gerade so.

Nach vier Tagen, hundertzwanzig Kilometern Fußmarsch und dem Tragen eines Rucksacks ist der Körper müde.

Aber gleichzeitig ist das Laufen eine Droge.

Als ich heute Morgen aufwachte, war es noch dunkel.

Das Ausbleiben des Regens, der mich die letzten zwei Tage gewaschen hat und sich nachts in ein Dröhnen verwandelte.

Dann plötzlich am Morgen die Abwesenheit des Dröhnens.

Und niemand sprach, nirgendwo.

Damit sich die Sprache in mir rühren konnte, musste ich mich bewegen.

Ich musste das linke Bein vor das rechte setzen und dann das rechte vor das linke und so die Zirkulation der Luft und die Eindrücke im Körper wieder herstellen.

Wandern ist eine Droge.

Für die einen ist es eine Suche nach sich selbst, für die anderen ist es nichts weiter als ein Sport.

Für mich ist das Wandern am ehesten mit Meditation vergleichbar.

Auch in der Meditation ist es das Ziel, unsere Gedanken loszulassen, damit sie uns nicht belasten.

So ziehen die Gedanken beim Gehen einfach an uns vorbei.

Wir schweifen umher, damit die Gedanken durch uns schweifen können.

Damit unser Pilgerkörper der Landschaft, durch die wir wandern, so gut wie möglich gleicht.

Damit der Unterschied zwischen außen und innen so gering wie möglich ist.

Hier an der Costa da Morte gibt es große Felsen, die Pedras de abalar sind die schwankenden Felsen.

Sie stützen sich nur auf einen Punkt.

Selbst eine einzelne Person kann sie zum Schwanken bringen, sie bewegen.

Angeblich wurden Menschen für ihre Verbrechen durch das Schwanken verurteilt.

Schuldig, wenn der Felsen sich hierhin neigte, unschuldig, wenn der Felsen sich dorthin neigte.

Ähnlich verhält es sich mit Sprache oder mit Ideen.

Wie ein Felsen ist die Sprache in uns unbewegt, in ständiger Bereitschaft. Wir müssen uns bewegen, um Sprache und Ideen in Bewegung zu setzen, scheinbar ohne jede Anstrengung.

Unsere Projektionen der Zukunft und unsere Phantasmen der Vergangenheit.

Ich kehre vom Kap zwischen die Häuser in Muxía zurück.

Verstreute Gebäude. Hinter den Ruinen der alten Gebäude wachsen Farne. Dazwischen gibt es auch neue, moderne Gebäude. Aber die meisten sind billige Bauten, halb errichtet, unvollendet oder in baufälligem Zustand, trotzdem stehen sie zum Verkauf.

Ein Erbe aus der Zeit der Franco-Diktatur. Oder zumindest ein Erbe dieses Erbes?

Das Gefühl, dass hier alles mit größter Mühe aus der Erde gerissen wurde, und die Erde wiederum nur die Grundlage für den Wind ist, der hier alles bedeutet.

Eine Art Trockenheit, Klarheit, Konfrontation mit dem Wind.

Vielleicht ist Galizien im Landesinneren anders. Sicherlich.

Aber wenn der Wind durch den Wald fährt, durch die Farne, durch die Maisfelder, durch die alten, verdrehten Apfelbäume, von denen kleine, schmackhafte Früchte fallen, durch Weinreben, von denen seltene, von Wespen halb ausgesaugte Trauben hängen, dann ist auch dort der Wind derjenige, der die Konstellationen dieses Landes bestimmt.

Als ich Santiago verließ, schlängelten sich die ersten zwanzig Kilometer durch idyllische Siedlungen wohlhabender Familienhäuser, alter Eichen, die Eicheln auf dem Waldweg schüttelten, um unter den Sohlen zu zerknacken. Und die Kastanienbäume, die mich von Anfang an begleiteten.

Bald wurde der Wald industriell bepflanzt.

Eukalyptus. Hier und da eine Kiefer. Aber immer seltener.

Eukalyptus, dessen gerade Stämme in geraden Linien gepflanzt sind, wie Soldaten auf einem endlosen Marsch durch Dornen und Farne.

Eukalyptus, eine Monokultur, die keine anderen Bäume verträgt.

Schon beim Anflug auf Santiago de Compostela sah ich wunderschöne grüne Hügel mit quadratischen Stempeln an den Hängen.

Eine Tätowierung, denn Pilger lassen sich oft bei der Ankunft am Ende des Weges tätowieren.

Damit der Weg später nicht in Vergessenheit gerät?

Tätowierte Schachbretter überall im Grün der galizischen Hügel.

Kahlschläge, Anpflanzungen von jungen Eukalyptusbäumen, Bäume, die nach fünfzehn, vielleicht zwanzig Jahren für die Papierindustrie gefällt werden.

Am zweiten Tag verschwindet der Schatten des Waldes auf dem Weg.

Nur noch Maisfelder. Dörfer mit riesigen Kuhfarmen. Ein sonniger Tag, aber es ist Regen angesagt, und alle beeilen sich, die Felder mit Gülle zu besprühen.

Riesige Traktoren mit Tanks voller Gülle.

Durch Gülle, durch den Geruch von Exkrementen Pilgernde.

Nach zehn Kilometern bin ich schon blass von dem Gestank, der von allen Seiten auf mich einwirkt.

Viele ältere spanische Pilger auf dem Weg. Tun sie nur so, oder ist es ihnen wirklich egal, wie es riecht?

Wenn ich abends in meiner Herberge ankomme, schließe ich als Erstes die Fenster und die Tür.

Riesige Traktoren fahren vorbei.

Traktoren auf den Feldern.

Niedriger Luftdruck.

Es scheint, als wäre ich eins mit dem Gestank geworden.

Wie das Gesicht des Mädchens, das mich von hinter der halb geöffneten Tür aus auf einem der Bauernhöfe beobachtet.

Wie die Landwirte, die große Silos mit Maisabfällen, die mit Folie abgedeckt sind, mithilfe von Autoreifen beschweren.

Überall entlang des Weges stehen große Kornspeicher, eine Besonderheit Galiziens.

Sie sind auf Steinen in Form von Pilzen platziert.

Und überall Pilze am Wegesrand.

Pilze, Farne, Eicheln, Kastanien.

Der Vorteil eines langen Spazierganges ist, dass man eigentlich nirgendwo gewesen ist, sich aber trotzdem sehr genau an alles erinnert, was man gesehen hat.

Das Gedächtnis wird durch die Schritte unterstützt.

Nach einiger Zeit vergisst der Körper, dass er Beine hat, die laufen.

Der Körper trennt sich von seinen Gliedmaßen.

Der Rücken sticht, die Arme versuchen immer wieder, eine andere Position zu finden, um das Gewicht des Rucksackes zu verlagern.

Aber die Beine gehen von allein. Sie gehören nicht zum Körper, zwei verrückte Vagabunden.

Manchmal widersetzen sie sich.

Genau wie gestern.

Regen, Nebel. Ich brach von Finisterre auf, dem vierten und letzten Tag meiner Reise, als meine Beine nach fünfzehn Kilometern versagten.

Ich war plötzlich so erschöpft, dass ich mich am liebsten an den Straßenrand zwischen die Pfützen gesetzt hätte und eingeschlafen wäre.

Die Agonie dauerte etwa zwei Stunden. Die zwei längsten Stunden, die man sich vorstellen kann.

Das Trommeln des Regens auf dem Anorak, den Blick auf die Steine unter den Füßen gerichtet.

Ich hätte auf dem Mars oder irgendwo anders gewesen sein können.

Es gab keinen Camino mehr, nur noch Quälerei, Zwang und gelegentliches Fluchen.

Dann setzte ein starker Wind ein. Nebel zog auf. Der Regen verstärkte sich. Über mir hörte ich ein konstantes Geräusch, ähnlich dem eines startenden Flugzeugs. Ein ständiges Abheben, bedrohlich, hinter dem Nebel.

Es waren Windturbinen, aber da ich sie nicht ausmachen konnte, war es das ständige Geräusch der Maschinen und das Klopfen des Regens, das mich zusammen mit dem Wind aufrecht hielt.

Aber die Beine wollten nicht weitergehen.

Heutzutage sind das süße Sorgen.

Ich stellte mir vor, wie Pilger vor einem Jahrtausend eine schlecht markierte Straße entlanggingen, in Todesangst vor den Gefahren, den Ungeheuern und dem Winter.

Reisende, die keine wasserdichten (wenn auch nach einer halben Stunde Regen völlig durchnässten) Windjacken tragen.

Und oft gab es nicht einmal Brücken, sondern Fährmänner.

Diese waren es, die sie am meisten fürchteten.

Doch obwohl sie Hunderte von Kilometern voller Gefahren hinter sich gebracht hatten und in Santiago ankamen, gingen sie weiter, nach Costa da Morte.

Sie wollten das Ende der Welt sehen und von dort eine Jakobsmuschel, das Zeichen der Pilger, mitbringen.

Die mit diesem Zeichen gekennzeichneten Wege wurden immer zahlreicher.

Die Idee, ein Logbuch in Santiago zu schreiben, kam mir, als ich die massive Ausbreitung der Markierungen des Jakobswegs in Slowenien und anderswo in Europa sah, die ein Netz von Tausenden von Kilometern bilden, die alle zu einem einzigen Punkt führen.

Zum Grabmal eines kopflosen Heiligen.

Was für eine europäische Idee!

Die ging so weit, dass eine Muschel nach dem Heiligen benannt wurde, nach dem auch die Stadt benannt war und der Pilgerweg nach Compostela.

Carl von Linné unterschied nicht zwischen kleinen und großen Jakobsmuscheln und bezeichnete beide zunächst als ein und dasselbe.

Aber die echte Pilgermuschel ist die Pecten maximus, die große Jakobsmuschel. Sie muss so groß wie eine Handfläche sein, denn die Pilger benutzten sie einst zum Wasserholen.

Man bezeichnet sie auch als singende Muschel, weil sie einen starken Muskel hat, mit dem sie das Wasser herauspresst, wodurch ein Knall unter Wasser entsteht.

Die Jakobsmuschel kann sich durch das Auspressen von Wasser bis zu einem Meter weit im Meer fortbewegen.

Muscheln waren schon immer eine hervorragende Einnahmequelle für die Kirche und die Bevölkerung hier.

Ein Souvenirhändler in Muxía verkauft sie für drei Euro, in Santiago kosten sie einen Euro oder sogar nur achtzig Cent.

Auf dem Markt, wo sie nicht mit Peroxid gereinigt und mit einem aufgemalten roten Jakobinerkreuz versehen, sondern offen und verzehrfertig verkauft werden, sind sie viel billiger.

Muschelzucht, Fischfang, kleine Bauernhöfe, auf denen Mais, ein wenig Rettich und Kohl angebaut, ein paar Ziegen, Esel oder Kühe gehalten werden – das ist die kleine, traditionelle Subsistenzwirtschaft, eine Wirtschaftsform, die die Menschen an der Costa da Morte schon immer dazu gebracht hat, eigene Wege des Überlebens zu finden.

Schmuggel von Tabak und Drogen.

Schmuggel von Träumen und Menschen.

Schmuggel von Geschichten und Liedern.

Wenn ich Galizisch höre, habe ich immer das Gefühl, dass mir jemand Geschichten erzählt.

Die Lieder und Gedichte von hier haben auch ihre Geschichten.

Die Tradition der Troubadoure, die anschließende Unterdrückung der Sprache und die Wiedergeburt des Treffpunkts von Französisch, Portugiesisch, Kastilisch, Latein, Steinen, Wind – all das ist galizische Sprache.

Im Reliquienschrein des Kathedralenmuseums in Santiago blieb ich vor einem der vielen Kelche stehen, die dort ausgestellt sind.

Es war eine sehr elegante, moderne Form, ein klarer Ausdruck von Design.

Ein Geschenk von Philippe Pétain aus dem Jahr 1943.

Francisco Franco war Galizier und unterdrückte den Gebrauch der galizischen Sprache.

Was für eine europäische Geschichte!

In diesem Moment spüre ich, wie Gewalt, Leid und die Geschichte uns geprägt haben.

Und dass es nur Geschichten gibt. Die, die der Nachwelt erhalten bleiben, und die, die wir aus dem Thema unserer Schatten immer wieder neu erschaffen und dann „fiktional" nennen, obwohl es für die Schöpfer so realistisch ist wie alles, was versucht, die Grenzen unseres Wissens zu beschreiben oder nachzuahmen, auf der Seite des Guten.

Der Rest ist Dunkelheit.

Das Ende der Welt.

Vor zwei Tagen aß ich in Finisterre in einer der Kneipen, die an die Küste grenzen, zu Abend.

Ein Dokumentarfilm über den Zweiten Weltkrieg lief die ganze Zeit auf dem Bildschirm.

Szenen von Konzentrationslagern, Szenen von Hinrichtungen, Menschenmengen, die den Führer begrüßen.

Wir sind von diesem Schatten der Geschichte tief durchdrungen.

Gleichzeitig tauchen ständig neue auf, denen wir oft nicht genug Aufmerksamkeit schenken.

Anders als Schwämme können wir nicht ständig das ganze Unglück der Welt aufsaugen.

Während ich dies schreibe, spuckt ein Vulkan Lava über Palma aus, Menschen sterben in Krankenhäusern an einem Virus, Möwen kreischen am Horizont, Ameisen trampeln über eine Granitbank im Hafen von Muxía, wo ich dies schreibe. Der tote Frosch, den ich gestern im Regen auf dem Camino, etwa fünfzehn Kilometer vor Muxía, gesehen habe, verwest.

All das passiert, und ich tippe nur und bin Ihnen dankbar, dass Sie das hier lesen.

Ich denke, dass wir zusammen ein Paar Hände sind, zwei Hälften der Jakobsmuschel.

Die Sohlen sind die Liebe, mit der wir die Welt bewegen.

Aber die Handflächen sind eine Schale, mit der wir das Wasser schöpfen, so dass es die Form des Mundes annimmt.

Jedes Wort kann ein Ozean sein.

Jedes Wort kann eine Mülldeponie sein.

Wie jene am Ende der Welt, in Finisterre.

Ein Haufen Müll, Masken, Kleidungsstücke.

Die Menschen kommen am Ende der Welt an und werfen alles ab. Sie denken, dass das Ende der Welt ihr Geschenk lieben wird, aber sie tragen nur zur Verschmutzung der Ozeane, zu den Plastikinseln inmitten unserer Meere und zur vollständigen Verseuchung des Planeten mit Mikroplastik bei.

Ich bin ein Mensch, und das bedeutet, dass ich in all den Jahrtausenden wirklich nichts, nichts, nichts, absolut nichts gelernt habe.

Die Selbstzerstörung wird mit den Fortschritten der Zivilisation nur noch stärker.

Ich erinnere mich, dass ich an meinem dritten Tag, in der Nähe der Stelle, an der sich der Weg von Santiago teilt, ein Weg nach Süden in Richtung Finisterre, der andere nach Norden in Richtung Muxía, an einer der Eukalyptusplantagen anhielt.

Da war eine Arbeitsmaschine mit einem beweglichen Arm und einer speziellen Vorrichtung, mit der ein ausgewachsener, fünfzehn Meter hoher Baum in weniger als einer Minute entwurzelt, geschält und zersägt werden konnte.

Und das alles für die Papierindustrie, die anschließend unsere Bücher druckt.

Doch mit den Fortschritten der Wissenschaft hat sich die Menschheit nicht nur den Planeten untertan gemacht.

Er hat sich seinen Platz auf dem Planeten untertan gemacht.

Warum ist die Pilgerfahrt nach Compostela weiterhin so beliebt?

Warum laufen trotz der Pandemie immer mehr Menschen Tag für Tag durch die Dörfer, gehen an Bewohnern mit Masken und Handschuhen vorbei, schlafen in Herbergen, die zweimal am Tag desinfiziert werden, essen in Gasthäusern, wo sie von maskierten Kellnern bedient werden?

Scheinbar sind uns religiöse Vorstellungen, Sühne, Fürbitten, Gebete und Kulte der geistigen Verwandlung völlig gleichgültig und doch spüren wir auf jeden Fall, dass etwas in unserem Fundament nicht gut ist, dass es faul und trübe ist und uns früher oder später wahrscheinlich zerstören wird.

Vielleicht möchten wir Menschen deshalb von hier verschwinden?

Nur weg von hier?

Ich bin in einer kleinen Stadt an der Costa da Morte aufgewachsen, und alles, was ich wollte, war wegzugehen, sagt Maria.

Wir trafen uns vor einigen Wochen zum ersten Mal, als sie an einem Workshop für Poesieübersetzung in Slowenien teilnahm.

Nun hat sie am vorigen Tag Videos aufgenommen, ihre Gedichte als kurze Videoclips inszeniert.

Ihr jüngerer Sohn Salvino ist bei ihr.

Salvino beobachtet mich aufmerksam. Er spricht nicht, singt nur ab und zu. Sein Vater ist Musiker, seine Mutter ist Dichterin und Performerin, wie könnte er da nicht singen.

Maria hat mir freundlicherweise angeboten, mich von Muxía mit nach Santiago zu nehmen.

Heute ist Sonntag, da wirst du nicht auf Busse warten, sagt sie. Lass uns vorher noch schnell etwas essen.

Eine Frau kommt und umarmt Maria.

Bald erfahre ich, dass sie die Besitzerin einer Kneipe und ihr Sohn auch Dichter ist, dass er und Maria einmal ein Paar waren und dass die beiden jetzt beste Freunde sind.

Mein Sohn!, ruft die Besitzerin, nimmt die Maske vom Mund und atmet tief durch. Von den vielen Lieben blieben ihm nur gute Freundinnen. Jetzt ist er schon in die Jahre gekommen, aber er ist nicht verheiratet, er hat keine Kinder. Er ist einer der besten galizischen Schriftsteller, er liest den ganzen Tag, aber was nützt mir das? Ach, wenn ich doch nur den Moment erleben könnte, in dem er sich endlich niederlässt.

Ich frage sie, ob sie die Bücher ihres Sohnes liest.

Noch bevor sie gedruckt werden!, antwortet sie.

Maria tritt seit sechzehn Jahren mit einer anderen Dichterin, Lucia, auf. Sie haben eine Art poetisches Kabarett, tragen Lieder in aller Ernsthaftigkeit vor, aber weben Improvisationen mit Erzählungen, Humor und Satire um diese herum.

Wir begannen unser Kabarett mit dem Wunsch, die Säle mit Menschen zu füllen, die sonst keine Poesie mögen.

Ich frage, ob sie nur in Galizien oder in ganz Spanien auftreten.

In ganz Spanien, aber vor allem in Galizien, meist auf Festivals. Mit den politischen Ereignissen in Katalonien haben wir eine einmalige Gelegenheit verloren, den Zentralismus von Madrid zu überdenken und vielleicht in eine föderale Richtung zu steuern. Spanien ist sehr zentralistisch. Wenn Lucia und ich außerhalb Galiziens auftreten, werden wir in das internationale Programm aufgenommen. Aber wenn jemand aus Kastilien nach Galizien kommt, erwartet er, dass ihm alle auf Kastilisch antworten. Es gibt kein allgemeines spanisches Bewusstsein für den Status der anderen Amtssprachen, keinen Respekt.

Salvino singt weiter auf Galizisch.

Dieses Stück haben wir gemeinsam mit meinem Ex, dem Sohn der Kneipenbesitzerin, geschrieben, sagt Maria.

Die Besitzerin kommt zurück und bringt die Muscheln, die ich bestellt habe.

Als ich mich auf diese Reise vorbereitete, schickte mir Maria Informationen über Playa de Rostro.

Am Morgen zuvor war ich auf dem Weg nach Muxía dorthin abgebogen.

Der Regen, der mich den ganzen Morgen über gewaschen hatte, hörte plötzlich auf. Ich stand allein an einem kilometerlangen Sandstrand, umgeben von Tauben, Ablagerungen von Seetang und vom Meer ausgeschiedenem Plastik, und stellte mir vor, dass irgendwo unter Wasser noch die Überreste des 1987 gesunkenen Frachtschiffs Cason liegen, das voll mit nie endgültig identifizierten chemischen Substanzen war. Es ist ein weiteres in einer Reihe von gesunkenen Schiffen, nur dass dieses Mal keine Überreste der Schiffsladung, Orangen, Flaschen oder Ähnliches, das Ufer erreichten. Aber es war eine weitere in einer Reihe von Umweltkatastrophen, die die Orte an der Costa da Morte geprägt haben. Der Untergang der Cason führte zur Evakuierung mehrerer Städte und Dörfer. Anderthalb Jahrzehnte später, im Jahr 2002, verursachte der Tanker Prestige die bis dahin größte Umweltkatastrophe in diesem Teil Europas.

Nachdem ein veralteter und schlecht gewarteter Öltanker in einem Sturm ein fünfunddreißig Meter großes Loch bekommen und um eine sofortige Anlauferlaubnis gebeten hatte, wurde er sechs Tage lang von Frankreich, Spanien und Portugal hin- und hergeschoben. Alle verweigerten dem Schiff die Einreise.

Wie europäisch!

Es kam zur Katastrophe, der Tanker zerbrach schließlich in zwei Hälften und etwa sechzig Tonnen Rohöl überfluteten das Meer und die Küste und verwandelten sie buchstäblich in eine Küste des Todes.

Zwanzig Jahre später gibt es keine sichtbaren Spuren mehr von der Umweltkatastrophe. Nur in den Momenten, in denen ich dastand und dem Rauschen des Ozeans lauschte, schien es mir, dass ich an einen Ort gekommen war, der vorübergehend und ziemlich schmerzlos den Namen *Ziel* tragen könnte.

Und hast du New York auf der anderen Seite gesehen?, fragt mich Maria scherzhaft.

Warum sieht dort, am Ende der Welt, niemand New Orleans oder Havanna, warum sieht jeder auf der anderen Seite New York?, frage ich mich.

Weil so viele Menschen von hier ins Ausland gingen und Amerika ein großer Traum war. Eine enorme Anzahl von ihnen wanderte nach Argentinien aus, besonders nach dem Ende des Bürgerkrieges, später dann in die Schweiz. Die Frauen sind oft geblieben. Galizische Frauen sind sehr stark, sie mussten es sein, um allein mit den Kindern zu überleben.

Ein äußerst schmackhafter Oktopus kommt mit Kartoffeln und Pfeffer und viel roter Paprika auf den Tisch.

Auch Salvino liebt Gerichte mit Tintenfisch. Obwohl er sonst nicht viel isst, meist bloß in Olivenöl getunktes Brot.

Er ist komplett zweisprachig, erklärt Maria. Er hat den großen Vorteil, dass er daran glaubt, Sprachen zu verstehen. Diejenigen, die nur eine Sprache beherrschen, glauben an die Unfähigkeit, Fremdsprachen zu verstehen. Aber er versteht bereits passiv Portugiesisch und wird keine Probleme mit anderen Sprachen aus derselben Sprachgruppe haben.

Wir verabschieden uns von der Besitzerin der Kneipe, die in einer anderen Konstellation des Schicksals Marias Schwiegermutter sein könnte. Ich verspreche ihr, dass ich die Gedichte ihres Sohnes lesen werde.

Sobald wir im Auto sitzen, fällt mir auf, wie schnell sich alles um uns herum bewegt.

Ich schaue auf den Tacho, Maria fährt sehr vorsichtig, sogar langsamer als erlaubt. Trotzdem habe ich den Eindruck, dass wir mit enormer Geschwindigkeit unterwegs sind.

So schnell, dass ich nicht einmal dem Meer Lebewohl sagen kann.

Ich weiß immer noch nicht, was auf der anderen Seite ist, was sich hinter dem Ende der Welt verbirgt.

Für mich war das immer nur das Meer. Als ich ein Kind war, hat man noch Wale gejagt. In Cee, wo ich herkomme, gab es die letzte Fabrik, die noch Walfett verarbeitete. Dann ging ich nach Santiago. Wir wollten alle nach Santiago, sagt Maria, und sie fährt an den Maisfeldern und den Namen der Städte vorbei, an denen ich vor zwei oder drei Tagen vorbeigelaufen bin.

Als ich galizische Philologie studierte, lebten wir Studenten noch im alten Zentrum von Santiago. Das war noch kein Ghetto für Touristen. Ich finde es furchtbar, was überall passiert, die Gentrifizierung der alten Stadtzentren, die nur noch Freizeitparks für Touristen sind. Wir Studenten schauten damals auf sie herab, sie erschienen uns wie Verrückte, die aus dem Nichts angekrochen kamen. Das mischte sich mit der Neugier auf andere Kulturen, mit der Aufregung, dass es Menschen aus uns unbekannten Ländern gab.

Maria schaut zurück zu Salvino, der auf dem Rücksitz mit seiner noch ungeöffneten Packung Legosteine in der Hand eingeschlafen ist.

Ah, seine Siesta, seufzt sie.

Heute sehe ich die Sache ein wenig anders, sagt Maria. Ich denke daran, wie wir, die Studenten, die von anderswo kamen, um in Santiago zu studieren, damals von den Einheimischen angesehen wurden. Für sie waren wir dieselbe Art von Besetzern, als die uns Touristen heute erscheinen. Kavafis sagt, die Stadt verändert sich nicht, sondern du, der du alle Formen der Stadt in dir trägst, veränderst dich. Und natürlich magst du den Ort deiner Jugend am meisten, weil du diesen Teil deines Lebens am meisten magst.

Ich bemerke einen Aufkleber auf dem Armaturenbrett.

Mein Mann und ich haben ihn dort angebracht, als wir beide geimpft wurden. Das Auto ist schon alt, aber es hat uns noch nie auf der Straße stranden lassen, und wir haben diesen Aufkleber als gutes Omen angebracht, sagt Maria.

Ich erzähle Maria von den Anti-Impf-Protesten zu Hause.

In unserem Land sind bestenfalls extrem Konservative gegen das Impfen, sagt Maria. Hier ist praktisch jeder geimpft, auch die Kinder. Es herrscht ein Sinn für Gemeinschaft. Ich lasse mich nicht nur für mich selbst impfen, sondern auch, um die Gemeinschaft zu schützen. Die Mutter eines Klassenkameraden meines älteren Sohnes ist gegen das Impfen, ihr Sohn ist überhaupt nicht geimpft. Das ist für sie nur möglich, weil alle um sie herum geimpft sind, verstehst du?

Wir werden bald in Santiago sein. In der Ferne kann ich eine Kathedrale sehen und auf dem gegenüberliegenden Hügel die Ciudad de Cultura.

Das hat uns Manuel Fraga Iribarne hinterlassen, unser wichtigster Politiker zu Francos Zeiten, unser größter Feind, der Mann, der für die Zensur verantwortlich war und die Todesurteile unterschrieb, sagt Maria. Aber er sprach in der Öffentlichkeit Galizisch, was zu Francos Zeiten überhaupt nicht selbstverständlich war.

Er hat uns dies hinterlassen, einen großen Knochen, an dem Immobilien- und Bauunternehmen nun nagen können. Ein utopisches Architekturprojekt, das unvollendet blieb.

Er hätte euch auch die Stadt der Clowns oder die Stadt der Fische hinterlassen können, aber er hat euch die Stadt der Kultur hinterlassen, sage ich.

Ich glaube, die Stadt der Fische würde mehr Besucher anziehen, sagt Maria bitter. Wir sind angekommen. Ah, sieh dir dieses Museum an, mein Liebster hat hier hinten gewohnt, sagt sie, es gibt einen schönen Park, einen Friedhof ohne Gräber, sagt sie. Dort gibt es keine Toten.

Ein Friedhof ohne Tote. Die Idee gefällt mir sehr.

Wir verabschieden uns. Ein paar Hundert Meter entfernt liegt meine Unterkunft, das Seminario Menor. Ein riesiges Gebäude mit Hunderten von Betten. Wegen Covid sind nur noch Einzelzimmer in Betrieb, aber die sind immer noch sehr erschwinglich, da sie wirklich spartanisch sind.

Lange leere Flure, in denen die Wäsche, Schuhgeruch und die Aussicht auf die umliegenden Hügel regieren.

Santiago de Compostela.

Wer hierher kommt, ist am Ende einer Reise angekommen.

Man sagt natürlich, das älteste Gebäude in Santiago ist die Kathedrale.

Über allem thront die Kathedrale mit ihren Nebengebäuden, die die Altstadt von Santiago überragt.

Die Kirche dominiert alles.

Im zwanzigsten Jahrhundert haben Schriftsteller, die immer wieder ihren eigenen Compostela-Kosmos geschaffen haben, ihren Teil dazu beigetragen: Starkie, Noteboom, Coelho.

Ich stelle meinen schweren Rucksack in Zimmer 304 ab.

Ich möchte die Kathedrale noch einmal betreten, um ein weiteres Mal die Werke von Meister Mateo zu bewundern, der der wichtigste Steinmetz auf der Baustelle war und in seiner Werkstatt außergewöhnliche Portale, Säulen, Pilaster und vieles mehr schuf.

Er fand Leben in einer Masse von Stein.

Ich steige den Hügel hinunter, vorbei an dem stählernen Sisyphus, der Stahlmassen nach oben rollt.

Am Eingang der Stadt werde ich von einer Menschenmenge begrüßt.

Als ich vor fünf Tagen aus Santiago abreiste, gab es keine Spur von ihnen.

Sie sprechen alle Sprachen der Welt. Die babylonische Sprache der hiesigen Straßen.

Anfangs versuche ich noch, das zu tun, was ich auf der Reise ständig getan habe.

Grüßen.

Buen camino, der Pilgergruß.

Sie wünschen nicht einen schönen Tag, sondern einen einfachen und guten Weg.

Viele Pilger haben diesen besonderen, leicht grimassenhaften Ausdruck erzwungener Freundlichkeit.

Sie heben die Hände zum Friedenszeichen, wie Heilige oder ein Priester, der segnet, schneiden Grimassen und wünschen einen guten Weg.

Diese Güte des Weges ist ansteckend, ich habe sie bald auch selbst praktiziert.

Nur einmal in den vier Tagen meiner Reise habe ich Hass in meinem Herzen entdeckt.

Nachdem ich stundenlang durch den starken Regen gelaufen war, stand ich unter dem Vordach einer Bushaltestelle, um mein nasses T-Shirt zu wechseln.

Ich hatte bereits meine Windjacke ausgezogen, als sich ein anderer durchnässter Reisender neben mich stellte und am Telefon herumtippte.

Er sagte nichts, grüßte nicht.

Der Wind wehte eisig.

Ich stand in meinem durchnässten T-Shirt und wartete darauf, dass er endlich ging, damit ich das T-Shirt ausziehen konnte.

Ich wollte mich nicht direkt neben ihm ausziehen.

Aber er stand einfach da, als ob ich nicht existierte.

Da habe ich es gespürt.

Wie müssen sich die Pilger vor Jahrhunderten gefühlt haben, kalt, hungrig, jahrelang unterwegs, in dauernder Angst um ihr Leben?

Manche glauben, dass der Camino das Leiden heilt, dass er vergibt und die Menschen verwandelt.

In einer Bar hörte ich einem Berliner zu, der seit sechs Wochen unterwegs und in ein Gespräch vertieft war:

Was denken Sie, dass ich ein Zimmer reservieren sollte? Niemand wird mir auf meinem Camino etwas vorschreiben.

Tausend Kilometer helfen nicht allen.

Für andere ist der Camino ein Lebewesen, eine Art Entität, ein Tier, eine Chimäre oder etwas noch Schlimmeres. Sie würden so ziemlich alles dafür tun.

Dafür und um in Santiago anzukommen und dann noch weiterzugehen, bis ans Ende der Welt.

In Santiago enden alle Wege, und Spiritualität ist nicht mehr nötig.

Daher die lange Schlange von Menschen, die darauf wartet, die Kirche zu sehen.

Und eine viel kürzere Schlange am Eingang zum Grab des Heiligen Jakob.

Der bombastische, vergoldete Barockaltar ist nur hinter Schutzglas sichtbar.

In der Gruft erklärt der Führer, dass hier Priscillian begraben ist, ein Bischof aus dem vierten Jahrhundert, der, laut dem Fremdenführer, als einer der ersten Ketzer enthauptet wurde, weil er für alternative Formen der Kirchenorganisation, für Frauenrechte, für ein Leben in materieller Armut und für die Gnosis eintrat.

Andere widersprechen ihm, der Reiseführer lacht sie aus: Warum erlaubt die Kirche dann keine genaue Datierung der hier begrabenen Gebeine? Der heilige Jakob hat nie spanischen Boden betreten, das ist alles nur Täuschung.

Aber es bleibt keine Zeit für ausführliche Debatten, der Wachmann treibt uns alle aus der Gruft.

Alles in allem gefällt mir das nicht.

Es ist Sonntag, der Tag des Herrn.

Ich bin den ganzen Tag noch nicht gelaufen.

Meine Fußsohlen jucken, ich habe das Gefühl, mir fehlt etwas, wie soll ich sagen, etwas Organisches.

Ich gehe durch die Menschenmenge, vorbei an einer Gedenktafel, die den Schriftstellern gewidmet ist, den Helden der Bataillone, die Santiago gegen die Truppen Napoleons verteidigt haben.

Maria erzählte mir, dass sich, hiervon inspiriert, eine Gruppe junger Dichter aus Costa da Morte „das Bataillon da Costa da Morte" nennt.

Es dauert nicht lange, bis ich aus dem historischen Zentrum herauskomme. Plötzlich sind keine Menschen mehr um mich.

Es ist, als ob die Straße ausgestorben wäre, die Gebäude scheinen verlassen, verfallen.

Das ist der Weg zur Ciudad de Cultura, zur Stadt der Kultur.

Vor einem der geschlossenen Eingänge hängt ein Plakat für eine Dichterlesung.

Meine Beine tragen mich von allein.

Vielleicht gelingt es mir, den Sonnenuntergang von einer größenwahnsinnigen Architekturutopie aus zu sehen?

Man sagt, die Römer hätten Costa da Morte nicht nur so genannt, weil dort das Ende der Welt ist und dort die Welt der toten Seelen beginnt, sondern weil dort jede Nacht die Sonne enthauptet wird.

Jeder Sonnenuntergang ist wie eine Wiederholung der Enthauptung, entweder der von Jakob, von Priscillian oder einem der anderen Märtyrer.

Der Tag stirbt langsam, um auf der anderen Seite wiedergeboren zu werden.

Als ich nach drei Tagen Fußmarsch und neunzig Kilometern in Wind und Regen endlich von Santiago in Finisterre, am Ende der Welt, ankam – was sah ich da?

Was liegt am Ende der Welt verborgen und was liegt dahinter, jenseits des Endes?

Erschöpft humpelte ich zum Leuchtturm und sah – nichts.

Der Nebel war so dicht, dass ich das Rauschen des Meeres irgendwo da draußen in der weißen Milch kaum hören konnte.

In dem Gebäude neben dem Leuchtturm gab es eine Bar.

Es gibt also eine Bar am Ende der Welt. Ich ging hinein, trank ein Glas Wein und aß ein Bocadillo.

Das war also das Ende, eins, das nicht da war.

Aber was steckt hinter diesem Ende?

Ich werde das auch heute Abend nicht herausfinden.

Trotz des sonnigen Tages bedeckt eine Wolke den Westen und ich erlebe den Sonnenuntergang.

Heute Morgen wurde mir ihre Geburt in Muxía geschenkt.

Jetzt kommt die Nacht, aber ohne die Sonne zu enthaupten.

Die Spitzen der Kathedrale sind in der Ferne sichtbar.

Ein Erbe schlechter Politiker, das den Haushalt angeblich jahrzehntelang belasten wird.

Was liegt hinter dem Ende der Welt?

Ein innerer Ozean vielleicht.

Ein weiteres Meer.

Dies und das, ein einziges Objekt in der Ausstellung, irgendwo hinter der mächtigen Leere der Gebäude der Stadt der Kultur, die nur als äußerst praktische Einrichtungen für die Durchführung von Massenimpfungen glaubwürdig taugten.

Sie brauchten dafür riesige leere Räume.

In einer der Vitrinen der Ausstellung über die Zukunft Galiziens ist die älteste Pilgermuschel zu sehen.

Sie wurde im Grab eines Pilgers aus dem Jahr 1120 gefunden.

Der innere Ozean und das Reiben meiner Handflächen – dies könnte mein bescheidener Versuch sein, zu erraten, was da liegt, hinter dem Ende der Welt.

Magellanstraße, Punta Arenas und Porvenir, Chile
31. Januar 2022

Das Madrider Künstlerkollektiv Poetas schreibt an einem Universalgedicht. Im letzten Jahr wurden Verse von Menschen aus der ganzen Welt gesammelt, insgesamt über zweiundzwanzigtausend Zeilen, geschrieben von mehr als zehntausend Menschen in einer Vielzahl von Sprachen. Eine chaotische Botschaft der Menschheit an das Universum, von dem sie ein Teil ist. Das chilenische Künstlerkollektiv Casagrande hat dieses Projekt in den sechshundert Lichtjahre entfernten Weltraum geschickt, in einen der dunkelsten Teile der Milchstraße, in den Coalsack-Nebel, der früher auch Schwarze Magellansche Wolke genannt wurde. Im Gegensatz zu den Bewohnern der nördlichen Hemisphäre, die sich an den Sternen orientierten, orientierten sich die indigenen Kulturen der südlichen Hemisphäre, von den australischen Ureinwohnern bis zum Stamm der Selk'nam auf Feuerland, an dunklen Flecken im Weltraum. Ich frage mich, was die Dunkelheit und was das Licht bedeutet. Warum zieht uns das Unbekannte an? Was bedeutet es, ins Unbekannte zu reisen? Ich habe schon immer vom Land des Feuers geträumt und bekam endlich die Gelegenheit, an einem Projekt teilzunehmen, das an Wahnsinn grenzt, und gemeinsam mit außergewöhnlichen Dichtern realisiert wurde. All dies wäre nicht möglich gewesen ohne den fünfhundertsten Jahrestag der ersten Weltumsegelung durch den portugiesischen Seefahrer Ferdinand Magellan, der seine Träume mit dem Leben bezahlte. Gleichzeitig ebnete Magellan den Weg für die Kolonisatoren, die die Bewohner der beiden Amerikas auf fatale Weise prägten.

Wind.

Der Wind, der durch meine Kleidung fegt, dringt in mich ein, berührt mich, durchdringt mich, lässt mich gebeugt zurück.

Der Wind bringt die Wände zum Schwingen, das Bett zum Schwingen, die Geräusche zum Schwingen, die dünnen Holzwände zum Knacken.

Der Wind bewegt das Blech des Hauses, verdreht es, hebt es an und formt es in seinem eigenen Namen.

Der Wind ist der Herrscher.

Der Wind in mir. Wind in den Gegenständen und Gräsern, in Träumen und beim Erwachen, Wind überall.

Wenn ich meine Augen öffne, weiß ich nur, dass es hell ist. Es ist Januar, Sommer, und die Nacht kommt fast nie.

Hinter dem Fenster ist eine Wand, an der Wand eine Fototapete mit Andengipfeln, Torres del Paine, fünf Stunden nördlich, wo alle Touristen hinwollen.

Und hier sind der Wind, die Pampa, die graugrünen Hügel, der offene Himmel. Und wieder der Wind, der Wind in mir.

Wenn ich meine Augen schließe, weiß ich es ganz genau.

Dass die Grenze zwischen innen und außen ein ungewöhnliches, irriges Konzept ist.

Wind und das Knacken der dünnen Holzwände und das Licht und nur ein paar Stunden Dunkelheit und Sterne.

Es liegt alles in mir.

All dies und die Stimme, die das gerade gesagt hat.

Ich versuche, die Erinnerungen an den Nachthimmel, an das Kreuz des Südens und die Milchstraße aufzurufen.

Ich, die kleine Muschel, segle durch den Wind, durch das Knacken von Holz und Blech.

Durch den Raum.

Eine Muschel, ein Kanu, eine Truhe, manchmal auch ein Kahn, voll mit Läusen, Wanzen, Ratten und Matrosen, die reich und berühmt von der Reise zurückkehren wollen. Und lebendig.

Ich konzentriere mich auf das Licht am Himmel und auf das Dunkelste, das Unzugänglichste, die Flecken der Dunkelheit in mir.

Wo nichts offensichtlich ist, wo Angst und Neugierde, Wahnsinn und Grausamkeit herrschen.

Wir orientieren uns an der Angst. Sie zieht uns ins Unbekannte.

Angst erschafft Dämonen, Monster, Widersacher.

Wind aus Angst, Wind aus Angst.

Der Wind weht direkt von den schwarzen Flecken im Süden.

Kreuz des Südens, die lichtlosen Flecken, an denen sich die Eingeborenen und späteren Seefahrer auf der Südhalbkugel orientierten, so wie sich auf der Nordhalbkugel am Nordstern und anderen Sternen orientiert wurde.

Ich öffne meine Augen.

Eine hinduistische Statue vom Gott Brahma glitzert auf goldenen Pagoden, CCTV-Kameras, wild schwingende Stromkabel, ein schäumendes Meer in der Nähe, Boote, Armeeschiffe, Forschungsschiffe, Tanker schaukeln wie das Spielzeug der Elemente.

Wo bin ich? Wo bin ich?

Was soll das, Leute, Marmelade neben dem Whisky?, sagt Rosa. Müll von der Party gestern Abend auf dem Tisch.

Die Wände sind aus Papier. Ich hörte sie kommen, ich hörte, wie sie vor Kälte zitterten, und dann wurde die Musik eingeschaltet. Es war, als hätte ich einen DJ in meinem Kleiderschrank.

Der Wind legt sich, das Knacken des Tanzes der vielen Beine und Arme, die sich mit dem Frühstück, dem Packen, den kleinen Vorbereitungen, den täglichen Geschäften beeilen, sie zerbröseln den Toast, wir zerbröseln den Toast.

Wir zerlegen unsere Zeit in kleine Krümel, in noch kleinere Krümel, in den feinen Staub des Alltags, der so erfolgreich sein kann. Alles Licht, jeder Stern, jede Projektion in die Ferne ist völlig verdunkelt.

Ein Sack Holzkohle, der Kohlensack – so wird das Gebiet in der Milchstraße genannt, das von einer Wolke aus Gas und feinem Staub verdeckt wird, an der das Licht nicht abprallen kann. Dunkelheit bedeutet nicht, dass es keine Sterne gibt. Dunkelheit bedeutet nur, dass wir sie nicht sehen können.

Die Feier war kurz. Alle waren völlig erschöpft. Rosa ahmte die Bewegung einer Hand nach, eine Geste, mit der Pep zeigte, dass die Veranstaltung, die in der Nacht am Ufer stattfand, trotz des Windes und der eisigen Temperaturen weitergehen musste, dass sie Probleme mit der Technik hatten und dass die Referenten ruhig weiter über die Milchstraße und den Kohlensack, der sechshundert Lichtjahre entfernt liegt, sprechen sollten, immer und immer weiter, bis alles technisch einwandfrei war.

Eine vorwärts kreisende Handbewegung, als würde man mitten im Nachtwind paddeln.

Weiter und weiter, ohne zu zögern, sprechen und sprechen. Das Dunkel, unbekannt am Himmel.

Wenn ich meine Augen schließe, wenn ich in die Dunkelheit in mir gehe, in den dunkelsten Fleck in mir, dann ist alles da.

Vergangenheit und Gegenwart, die Sterne, das Knacken des dünnwandigen Holzes, der Wind, das Meer, die ungewöhnliche Szenerie des südlichsten Hindu-Tempels der südlichen Hemisphäre,

das Schaukeln von Schiffen am Horizont, Marmelade, Prince singt „Kiss" im Frühstücksraum des Hostels mit dem Namen Hain.
Und dann tritt ganz plötzlich Panik ein.
Es sollte sofort erledigt werden, los, los. Wo bin ich? Warum bin ich hier? Wohin gehe ich?
Wenn ich spreche, weiß ich, dass ich ein unbedeutender Teil des Universums bin.
Der Mund ist ein winziges Boot, ein Kahn, ein Kanu, eine zerbrechliche Schale.
Worte sind Seifenblasen.
Wenn ich spreche, segle ich nach beiden Seiten, nach innen und aus mir heraus, zur gleichen Zeit.
Wenn ich meine Augen schließe, weiß ich, dass ich das Universum bin, dass alles in mir gespeichert ist. Wenn ich sie öffne, weiß ich, dass ich nichts bin, der unbedeutende Staub des Universums, nichts.

Wir warten auf den Bus.
Die Worte von Julio, der treibenden Kraft hinter dem Kunstkollektiv Casagrande aus Santiago de Chile, klingen in meinem Ohr nach. Die Chilenen sind Meister der Improvisation, wir Dichter sind die anpassungsfähigsten Geschöpfe, zusammen ergibt das ein unvergessliches Erlebnis. Es sind zu viele von uns im Van. Wir werden viel Liebe brauchen. Viel Liebe und Kameradschaft. Jede Menge Poesie, sagt Peru scherzhaft.
Dann steigen wir ein und der Fahrer fährt durch die Straßen von Punta Arenas in Richtung Hafen auf der Avenida Hernando de Magallanes.
Auf dem Hauptplatz, der Plaza de Armas, befindet sich ein Magellan-Denkmal, das jedoch eingerüstet ist. Die Restaurierungsarbeiten sind im Gange.
In den Tagen, die ich in dieser Stadt verbracht habe, bin ich ein Dutzend Mal vorbeigekommen, aber ich habe den Fuß der Bronzestatue nie berührt.
Man sagt, dass diejenigen, die ihn berühren, eines Tages nach Punta Arenas zurückkehren. Hernando, Ferdinand, ist hier überall. Wo bin ich, wo bin ich? Wo bringen sie mich hin?
Eine endlose Allee mit Bäumen, niedrigen Holzhäusern, quadratischer Papierarchitektur, kleinen eingezäunten Gärten mit Rosen, Blumen, die es sonst in Südpatagonien zwischen Pampasgras, kleinen Häusern und großen Autos kaum gibt.
Punta Arenas ist eine der südlichsten Städte der Hemisphäre.
Bruce Chatwin schrieb über Punta Arenas. Er schrieb auch über den Friedhof, den er für einen der schönsten in diesem Teil der Welt hielt.
Wir fahren daran vorbei, auf der rechten Seite sehe ich eine weiße Wand.
In den Reiseführern wird dieser Friedhof als die Hauptattraktion der Stadt gepriesen, noch vor den Museen und der Schönheit der Natur.
In Museen hineinzukommen, ist schwierig, während der Pandemie gibt es überall Beschränkungen und lange Warteschlangen.

Wir Chilenen sind gehorsam, wir kontrollieren gerne, die Diktatur liegt uns im Blut, sagt einer der Dichter, die sich links und rechts streiten und sich die Hände in der Kälte reiben.

Seit Pinochet sind vierzig Jahre vergangen, sage ich.

Sie verstehen nicht, Pinochet ist in unseren Genen.

Das heißt, Chile hat es Pinochet und der Diktatur, all dem Grauen, zu verdanken, dass es jetzt sehr gut mit der Pandemie zurechtkommt, frage ich provokativ.

Die Pandemie übernimmt, sie ist unser Diktator. Jeder trägt auf der Straße eine Maske, auch wenn keine anderen Menschen da sind. Die Pandemie ist für Chilenen gemacht. Wir lieben es, zu kontrollieren, wir werden kontrolliert, wir gehorchen gerne und schränken uns ein. Übrigens, haben Sie schon Ihren täglichen Fragebogen zu Covid-Symptomen ausgefüllt und an den Staat geschickt?

Denken Sie daran, dass Sie dies jeden Tag tun müssen, an dem Sie bei uns sind.

Wo bin ich? Wohin gehe ich?

Vor genau fünfhundertzwei Jahren entdeckte Ferdinand Magellan im Namen der spanischen Krone die Passage zwischen dem Atlantik und dem Pazifik, die später nach ihm benannt wurde.

Die portugiesische Krone, die seinen verrückten Plänen kein Gehör schenken wollte, nahm es ihm natürlich übel, dass er zum spanischen König lief, der ihm eine Flotte von fünf Schiffen zur Verfügung stellte.

Die spanischen Kapitäne und Seeleute betrachteten die Portugiesen nicht als ebenbürtig.

Auf der Suche nach einer neuen Route zu den gewürzreichen Inseln des heutigen Indonesiens kam es zu Rebellionen, ein Schiff sank, ein zweites drehte um und segelte kurz vor der Durchquerung der Meerenge zurück nach Spanien.

Vor fünfhundert Jahren kehrte von den fünf Schiffen und den zweihundertfünfzig Mann Besatzung nur ein einziges Schiff, die Victoria, mit achtzehn überlebenden Seeleuten zurück.

Magellan war nicht unter ihnen, er starb im Kampf mit den Eingeborenen der Philippinen, nachdem er die später nach ihm benannte Meerenge durchfahren hatte.

Unter den Überlebenden befand sich Antonio Pigafetta, ein Teilnehmer der Expedition, der darüber Buch führte.

Pigafettas Mitschriften sind ein Vorläufer des dokumentarischen Fernsehens.

Chatwin glaubt, dass Pigafetta die Hauptinspiration für Shakespeare war, als er *Der Sturm* schrieb.

Wegen Pigafetta und seiner Arbeit wurde Magellan später rehabilitiert, da andere Überlebende, die an den Aufständen gegen ihn teilgenommen hatten, ihn in ein schlechtes Licht rückten.

Eine Region in Chile ist auch nach Magellan benannt: Región de Magallanes y de la Antártica Chilena.

Auch die Pinguine, die hier in großer Zahl vorkommen, tragen seinen Namen: Magellan-Pinguin.

Auch eine der südlichsten Baumarten: die Magellan-Buche.

Sogar der dunkle Fleck im Weltraum, der die Seefahrer seit Jahrtausenden in die südliche Hemisphäre führt, wurde einst

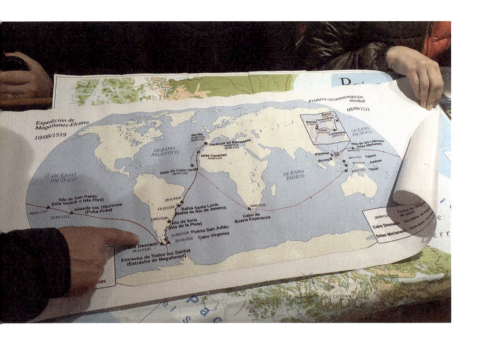

nach Magellan benannt. Magellan-Desserts, Magellan-Ornamente, Magellan-Karten.

Die Folgen von Magellan, die Statuen von Magellan, die Straßen und Schulen von Magellan, die Gesten Magellans, der Park Magellan.

Seine Weltumsegelung bewies, dass unser Planet rund ist und dass es eine Passage gibt, die das südamerikanische Festland Patagonien vom Land des Feuers und der Toten, dem Land des Teufels, trennt, dass das eine auf dem Kopf stehende Welt ist, die Welt der Antipoden, die Welt, in der alles auf dem Kopf steht. Am Anfang war es Magellan. Dann gab es dreihundert Jahre lang nichts. So konstruierten die Historiker bis vor kurzem die Geschichte von Chile.

Darwin, Drake und Cook segelten nach Magellan hierher, aber niemand blieb.

Dreihundert Jahre lang fuhren Schiffe, aber niemand blieb.

Jahrhunderte später, als sich das chilenische Staatswesen festigte, begann ein Wettlauf um die Frage, wer diesen Teil der

Niemandswelt im Süden von Südamerika für sich beanspruchen würde: Argentinien, Chile oder eine dritte imperiale Macht?

Es folgten Maßnahmen der chilenischen Führung, die das Gebiet von Südpatagonien, Puerto del Hambre, Fuerte Bulnes und schließlich Punta Arenas zu besiedeln versuchte. Schon die Namen sagen viel aus.

Von den Hunderten von Besiedlern erstickten die meisten wie die Fliegen.

Die schwer bewaffneten Männer erkannten bald, dass nicht die Eingeborenen, sondern das Klima und die Hungersnöte ihre Hauptgegner waren.

In Fort Bulnes wurden die ersten Siedler im Winter von Rattenkolonien dezimiert, die Kartoffeln lagen gefroren im Boden, der Wind peitschte auf sie ein, und die Winternächte dauerten ohne Ende an. Ungewöhnlich sind die Orte, deren Hauptattraktion heute der Friedhof ist.

Ich lese Namen auf prächtigen Gräbern und kleinen Einäscherungsnischen, auf kleinen Kindergräbern, die mit Gänseblümchen bewachsen sind.

Bereits am Eingang befindet sich ein großes Grabmal mit der Inschrift „Hrvatsko pripomoćno društvo".

Die Familien Brzonić, Radonić, Domić, Trebotić, Mikaćić.

Dalmatinische Familien, die nach dem großen Weinfrost oder sogar noch früher, zu Zeiten des Goldrausches, ausgewandert sind.

Die Kroaten waren maßgeblich an der Besiedlung dieses Gebiets beteiligt.

Wir gehen an Bord der Fähre. Gerade noch rechtzeitig.

Chilenen sind Meister der Improvisation, sagte Julio.

Wenn ich meine Augen schließe, sehe ich die Milchstraße, das Kreuz des Südens, einen dunklen Fleck, von dem Angst ausgeht und Vertrauen in die Angst und das Unbekannte, das mich aufsaugt.

Ein Lautsprecher verkündet, dass sich unter den Passagieren auch Dichter befinden, denen ein besonderer Gruß gilt.

Niemand regt sich auf.

Das Land auf der anderen Seite kommt näher. Wind, Wind in mir.

Und vor mir das Feuerland, das Land des Feuers.

In dem Film „Fluch der Karibik" ist dies das Land, in dem alles auf den Kopf gestellt wird.

Die Eingeborenen, die nur mit den Fellen von Guanakos, lamaähnlichen Tieren, bekleidet waren, fuhren in Kanus umher, in denen sie Feuer mit sich führten.

Magellan wollte nicht nach Feuerland, er hielt sich an der Nordküste Patagoniens fest. Er traute den aus der Ferne aufsteigenden Feuern und der Aussicht auf den Teufel, der dort angeblich haust, nicht.

Er musste sich sicher gewesen sein, dass er Erfolg haben würde.

Nachdem sie die Meerenge überquert hatten, segelten sie in den Pazifik. Magellan erwartete, Asien bald zu erreichen, aber er irrte sich. Es dauerte fast vier Monate, bis er wieder Land sah.

Am Ende aßen die Seeleute nur noch die letzten Krümel des Zwiebacks, vermischt mit den Exkrementen der Ratten. Sie tranken stinkendes Wasser.

Der Großteil der Besatzung starb an Vitamin-C-Mangel. Angeblich wurde Magellan durch getrocknete Quitten gerettet.

Die Menschen versammeln sich an einem Ende des Unterdecks. Eine Dichterlesung beginnt.

Peru liest, einer der Schriftsteller, die das Universalgedicht entworfen haben.

Er liest herzhaft, das Schiff schwankt, Peru liest und schwankt, das Schiff schwankt noch heftiger, Peru liest weiter und rennt dabei von links nach rechts, die Leute lachen.

In meiner Tasche habe ich sein Geschenk, eine Rolle mit dreißig Gedichten, die zu einem langen Poesiefluss zusammengeklebt sind.

Eines der Gedichte lautet in etwa so: Alle Menschen sind rohes Fleisch, aber niemand weiß, wie man kocht.

Oder: Es ist besser, ein Mädchen aus einer Torte springen zu sehen, als wenn eine Torte aus einem Mädchen springt.

Der Dichter José Cristóbal Romero liest Gedichte über Schiffswracks vor.

Alle Gedichte handeln von gestrandeten Schiffen in der Magellanstraße. Einige davon sind noch heute als rostender Teil der Natur an den Ufern zu sehen, als Touristenattraktion und als Erinnerung für alle Passanten, wie zerbrechlich unser Leben ist.

Wie zerbrechlich die Hüllen unseres Bewusstseins sind.

Das zweite Gedicht ist ein Lied über die Wolken, die Magellan sah, als er durch die Meerenge segelte.

Das dritte Gedicht: eine Hommage an Tomas Kaldic, den Kapitän, der in der Meerenge starb, als er die Welt ein zweites Mal umsegeln wollte. Er starb, als er durch die Meerenge segelte, durch die wir gerade fahren.

Neruda beschreibt in seiner berühmten Gedichtsammlung Canto General, dem großen Gesang, Magellan und seinen wurmstichigen Bart. Er wird dort zum verfallenden Traum des Menschen.

Berichte von Abenteuern, von Entfremdung, von den Versuchen, Eingeborene zu christianisieren, von den Kämpfen zwischen den Besatzungen, den Krankheiten, Leidenschaften, Verschwörungen und Depressionen.

Raue See draußen. Sie verkaufen keine Getränke mehr und verbieten den Zugang zum Deck.

Die Lesung geht weiter. Eine Dichterin, deren Namen ich nicht kenne, liest Gedichte über Vulkane, über die Enden des Universums, über die Träume, mit denen alle Reisen beginnen.

Ich schließe meine Augen. Alles schwankt. Worte, ich sehe den Nachthimmel, ich sehe ein winziges Boot durch den Himmel segeln, das neblige Leuchten des Lasers im Himmel, der gestern Abend grob den Ort markiert hat, auf den das Universalgedicht projiziert wurde. Ich höre die Wellen, das Lesen, die Wellen des Lesens.

Jemand neben mir spielt laute Musik, die die Stimme übertönt, das Brummen der Schiffsmotoren. Ich höre die Worte „el cosmos dentro de mi", der Kosmos in mir.

Wo bin ich? Wo bin ich?

Julio bedankt sich, erinnert daran, dass Rimbaud ein Buch mit dem Titel Das trunkene Schiff geschrieben hat, an dem wir alle nun teilhaben, und lädt die Menschen ein, heute Nachmittag nach Porvenir auf Feuerland zu kommen, um die zweite Entsendung des Universalgedichts ins All zu erleben.

Julio ist der Organisator des Poesiefestivals.

Julio ist eines der Mitglieder des Poesiekollektivs Casagrande.
Julio ist Ingenieur.
Julio ist Improvisator.
Julio ist ein Planer.
Julio liebt Bombenangriffe.
Julio bombardiert Dubrovnik, Warschau und London.
Julio zerbombt Madrid, Berlin, Santiago de Chile, Guernica.
Julio verhandelt mit den Behörden, verhandelt mit den Geldgebern, den Medien, den Dichtern.
Julio bombardiert, das ist seine Mission. Er bombardiert mit Gedichten.
Er berechnet die Windrichtung. Er berechnet die Luftwirbel und bombardiert dann Stadtzentren aus Hubschraubern oder Flugzeugen mit Gedichten, die auf biologisch abbaubare Blätter gedruckt sind.
Wenn Julio nicht gerade Bomben wirft, schickt er Gedichte ins All. Gedichte in die dunkelsten Teile des Kosmos.
Sechshundert Lichtjahre und die Gedichte werden ankommen.
Julio und Pep, zwei Utopisten mit Sinn für das Poetische.
Pep und Peru, zwei Freunde, die das Universalgedicht erfunden haben.
Eineinhalb Jahre lang steuerten mehr als zehntausend Menschen aus der ganzen Welt Verse in verschiedenen Sprachen bei.
Insgesamt zweiundzwanzigtausend Verse.
Es ist ein Gedicht, das noch niemand ganz gelesen hat, ein Gedicht, das niemand ganz verstehen kann.
Was auch immer geschrieben wird, selbst der scheinbar größte Unsinn, ist ein Gedicht.

Weil Sinnlosigkeit auch ein Teil der Menschheit ist, und wie. Weil Beleidigungen, Spott, Misserfolge auch Teil des Kosmos sind.

So wie Magellan vor fünfhundert Jahren eine Passage zwischen zwei Kontinenten jenseits der damals bekannten Welt gefunden hat, so haben Julio und Pep einen Weg gefunden, um Menschen auf der ganzen Welt zu motivieren, ihren Worten Tribut zu zollen, dann das Gedicht in Radiowellen umzuwandeln und ins All zu projizieren.

Magellanstraße: Magellan brauchte Wochen für die Durchquerung, weil er auf ein Schiff wartete, das bereits auf dem Rückweg nach Spanien war.

Das Universalgedicht wird sechshundert Lichtjahre brauchen bis zum Coalsack Nebula.

In kosmischen Dimensionen ist das nicht viel, sagte eine Astronomin bei ihrem Vortrag am Vorabend. Carl Sagan wies nachdrücklich darauf hin, dass die Menschheit die letzten zehn Sekunden gewesen sind, wenn man die Geschichte des Kosmos auf ein Jahr komprimiert. Und wir haben es in nur zehn Sekunden geschafft, die Existenz unseres Planeten zu bedrohen.

Zweitausendsechshundertzweiundzwanzig und die Verse werden dort ihm Kohlensack ankommen, schnarrte einer der Dichter gestern Abend bei der ersten Vorstellung des Universalgedichts. Als ob sie überhaupt ankommen könnten. Und selbst wenn sie es täten, wäre niemand in der Lage, diese Signale zu entschlüsseln. Und selbst wenn, wäre niemand in der Lage, das entschlüsselte Signal zu verstehen.

Spanien aus dem Viva-España-Vers wird dann wahrscheinlich nicht mehr existieren.

Und auch Chile. Und es wird auch kein Land des Feuers mehr geben.

Wo bin ich? Wo bin ich? Wohin gehe ich?

Das Land Feuerland wächst spärlich vor uns her. Dies ist nicht das Ende der Welt. Es gibt keinen Sinn für das Ende, auch wenn das Ende, mit dem wir Orte gern ausstatten, sehr attraktiv zu sein scheint.

Wir sind so weit im Süden, dass im Sommer ein Tag kaum sein Ende kennt. Und im Winter kennt die Nacht kein Ende.

Die Antarktis ist nicht weit entfernt, Kap Horn.

Wir docken an. Für uns ist dies nur eine weitere Landung. Für viele, die durch Träume, Entbehrungen, Gier, falsche und wahre Versprechen hierhergebracht wurden, war es die letzte.

Als Ende des neunzehnten Jahrhunderts hier Gold entdeckt wurde, kamen Goldsucher und Bergleute.

Feuerland wurde unter Landbesitzern aufgeteilt, und es entstanden riesige Unternehmen, die die Schafzucht auf Hunderttausenden von Quadratkilometern monopolisierten. Später, in der Mitte des zwanzigsten Jahrhunderts, wurde Öl entdeckt.

Wir kommen in einer Herberge an und teilen uns die Zimmer auf. Viele meckern, weil es Zimmer mit Etagenbetten sind, sechs Personen pro Zimmer müssen sich ein Bad teilen.

Frau Maria erklärt mir, wie die Kaffeemaschine funktioniert. Es gibt nur ein Paar Schlüssel für jedes Zimmer.

Hier wird nichts passieren, Sie können alles unverschlossen lassen.

Die Dichter verriegeln trotzdem die Tür, den Eingang.

Wenn etwas schiefgeht, dann wegen uns, die wir gekommen sind, sagt jemand und schließt ab.

Um die Ecke befindet sich eine Feuerwache. Zwei Einheiten sind draußen. Ein drittes Auto steht in der Garage.

Wir sind alle Freiwillige. Die effizientesten Feuerwehrleute der Welt sind Chilenen, sagt stolz einer der Feuerwehrmänner, der mir die Garage zeigt.

Ein paar Meter weiter befindet sich ein Kulturzentrum, von dem aus wir heute das Universalgedicht ins All schießen werden.

Der Wind ist eisig, er fällt über den Körper her, hebt ihn an, durchbohrt ihn, spielt mit dem Gleichgewicht, macht uns zu Staub auf unfruchtbarem Land.

Die Eingeborenen hier, der Stamm der Selk'nam, Nomaden, die einst nur mit Fellen bekleidet waren, hatten eine Vereinbarung mit dem Wind und dem Feuer, das nie erlosch und immer mit ihnen reiste.

In Porvenir sind die Straßen mit Geistern bevölkert, die aus dem Initiationsritual der Selk'nam bekannt sind.

Sie hingen auch in unserer Jugendherberge in Punta Arenas herum. Ich sehe sie in Schaufenstern, auf Touristikbroschüren und anderem Werbematerial.

Alle klassischen touristischen Erinnerungsstücke, Anhänger, T-Shirts, Statuen, Tassen, sind mit ihren Darstellungen.

Der Wind bläst mich die Straße der kroatischen Einwanderer hinunter, die Calle Croatia, zum Porvenir-Museum.

Von außen ist die Sternwarte eine Holzkonstruktion ohne Teleskop, das Hilfsmittel des lokalen Pioniers Miguel Kuvacic Vukasovic, des ersten Sohnes der Vukasovics, das erste Einwanderer-Paar, deren Ehe auf Feuerland offiziell registriert wurde.

Miguel war als Astronom ein Autodidakt, der für die öffentliche Beleuchtung von Porvenir zuständig war.

Im Museum bleibt mein Blick an einer Vitrine mit musikalischen Instrumenten hängen.

Die meisten wurden in Österreich hergestellt.

Sie wurden von den ersten Nachkommen der ersten Siedler, die nicht getötet wurden, gespielt.

Vor einem Jahrhundert kamen zunächst die ersten Einwanderer, die von den chilenischen Behörden hierher geschickt wurden. Sie töteten die Eingeborenen aus Angst, und bald darauf kamen die Goldgräber, die die Eingeborenen dann aus Spaß töteten.

Es kam zu großen Konflikten zwischen den Eingeborenen und den Besitzern der neuen Großfarmen, die die Lebensweise der Einheimischen unmöglich machten.

Die großen Viehzüchter hatten einen Preis ausgelobt, die für jedes Paar Ohren oder Hände eines ermordeten Eingeborenen, Frauen und Kinder eingeschlossen, gezahlt wurde.

Seitdem werden die Ureinwohner aus Profitgründen getötet. Ein systematischer Völkermord.

Es drückt mein Herz.

Während ich diese Musikinstrumente betrachte, fällt mir ein großes Gewicht auf die Schultern. Blasinstrumente, verlängerte Münder der Schöpfung. Instrumente, die das Schöne und Erha-

bene beschwören sollen, waren auch die Blasinstrumente der Kavallerie und der Kolonisatoren.

Diese Instrumente sind enge Verwandte des Wortes. So wie Worte zwischen uns und dem Universum vermitteln, sind sie eine Erweiterung des menschlichen Atems und der Stimme.

Ich sehe Fotos von komplexen indigenen Ritualen, von großen, sehr gut aussehenden jungen Männern. Auf anderen Bildern sind die Schlesier zu sehen, denen der chilenische Staat schließlich die Insel Dawson überließ, nachdem die Eingeborenen völlig dezimiert wurden, um dort die letzten überlebenden Eingeborenenkinder zu übernehmen.

Gesichter indigener Kinder, die Kirchenlieder spielen, Kirchenlieder und katholische Gebete lernen.

Gesichter indigener Frauen, die sticken und stricken, in europäischer Kleidung.

Wo bin ich? Woher komme ich?

Es drückt drückt drückt drückt drückt mein Herz.

Wenn der Kosmos in mir ist, wenn ich sein Mund, sein Gehör bin, dann gibt es auch in mir Spuren dieser Ereignisse, Spuren der Ausrottung und der gewaltsamen Aneignung von Territorien.

Ich denke an eine Szene, die ich vor ein paar Tagen in Punta Arenas beobachtet habe. Vom Ufer aus stürmten die Kinder in das kalte Sommermeer.

Schlammiges und trübes Wasser, Abfall im grauen Sand, Scherben. Entlang der Küste gibt es viele möwenartige Vögel.

Die Szene war nichts Ungewöhnliches, aber sie hat mich tief berührt.

Einer der Vögel sah krank aus und hockte am Rande der Herde. Zwei näherten sich ihm und begannen, ihn zu picken. Er war wehrlos, und die beiden anderen standen ruhig neben ihm und hackten abwechselnd auf ihm herum, wobei der Vogel seinen Kopf unter den Flügel klemmte, bis die beiden anderen ihn getötet hatten.

Einen Tag später unternahmen meine Frau Maja und ich einen der beliebtesten Ausflüge in Punta Arenas, um die Pinguinnester unweit der Magellanstraße zu sehen.

Brutale Laute, die Pinguine bei der Paarung von sich geben. Brutale Verteidigung ihrer Nester. Vor allem aber die Kadaverhäu-

fungen, tote Vögel, die sie ernähren. All dies festigte den Eindruck von der Grausamkeit und Unerbittlichkeit dieser Landschaft.

Was bin ich? Woher komme ich? Jahrhundertelang wurde ebenso brutal mit evolutionärer Rhetorik, mit Selektion der Art gerechtfertigt, was mit den Eingeborenen geschehen ist und noch geschieht.

Genozid.

Der Verlust von indigenem Wissen und ihrer Kultur kann für den Menschen fatal sein.

Ich bin hier mit einem riesigen Airbus A350-900 gelandet, der für den Flug mehr als siebzig Tonnen Treibstoff verbraucht hat. Ich fliege auf den Schultern derjenigen, die nie fliegen. Wenn alle fliegen würden, gäbe es diesen Planeten nicht mehr.

Draußen laufen seit einiger Zeit vier Welpen hinter mir her. Vier Landstreicher. Sie sehen nicht hungrig aus, sie sind sehr freundlich.

Es drückt mein Herz zusammen, wringt es aus, wirft es die Straße hinunter und es rollt wie zerknülltes Zeitungspapier vor mir her.

Die Ausstellung setzt sich in der Selezianer-Kirche fort.

Plakate mit den Gleichnissen von Jesus von Nazareth, gedruckt in Europa, Tausende von Kilometern entfernt.

Und unter ihnen, wie als eine Entschuldigung, die es nicht geben kann, ein paar Fotos von Einheimischen.

Unter den Priestern waren auch einige, die die Rituale der Eingeborenen dokumentierten und zu verstehen versuchten.

Wo sind sie? Woher kommen sie?

Später beim Mittagessen versuche ich, mehr von meinen Gesprächspartnern über ihr Verhältnis zu den Eingeborenen zu erfahren. Es ist eine Beziehung mit zwei Gesichtern.

Einerseits wird die Mythologie der Eingeborenen schamlos für den Tourismus ausgenutzt, andererseits wird der Handvoll Überlebenden vom Stamm der Selk'nam seitens der offiziellen Institutionen nicht der Status einer indigenen Gemeinschaft zuerkannt.

Sie leugnen deren Existenz und lassen sie so ohne Schutz und Ressourcen, sagt Rodrigo.

Das Gespräch dreht sich um andere Projekte von Casagrande. Um eine zwölf Meter hohe aufblasbare Puppe des ehemaligen Diktators Pinochet, die vor einem Jahrzehnt vor dem Regierungspalast in Santiago aufgestellt wurde.

Und um die zehnte Ausgabe des Magazins von Casagrande, das man nun ins All schicken wollte. Der Astronaut, der die Zeitschrift ins All bringen sollte, hat die Reise schließlich nicht angetreten, aber sie haben trotzdem hervorragende Beiträge gesammelt, einige sogar zu gut.

Als einer der eingeladenen Dichter von der Absicht erfuhr, die Zeitschrift in den Weltraum zu schicken, kündigte er an, einen sei-

ner Hoden abzuschneiden und ihn als seinen Beitrag zur poetischen Befruchtung des Kosmos ins All zu schicken.

Alle, die den Dichter kannten, waren entsetzt.

Erst nach tagelanger Überzeugungsarbeit ließ er sich von seinem Vorhaben abbringen.

Warum sprichst du nicht mit ihr, sie gehört zu den Mapuche, sagt mir Rodrigo.

Als wir uns verabschieden, trete ich zu einer Dichterin, die zuvor ein Gedicht über den Kosmos auf einem Boot vorgetragen hat.

Ihr Name ist Daniela Catrileo.

Ich frage sie, ob sie den Namen des slowenischen Emigranten Juan Benigar kennt, der das erste araukanisch-spanische Wörterbuch geschrieben hat.

Sie sagt nein, aber dass die Archive aufgeteilt worden sind und Juan in Argentinien gearbeitet hat.

Danielas Halstuch wirbelt im Wind. Als ich neben ihr gehe, windet sich das Halstuch wie eine grüne Milchstraße eineinhalb Meter vor uns in der Luft.

Sie erzählt die Geschichte eines langsamen Wandels in der allgemeinen Akzeptanz der Eingeborenen, der zwölf indigenen Stämme Chiles, einer neuen Generation junger Menschen, die alte Traditionen mit neuen Ausdrucksmitteln vermischen, vom Rap bis zur modernen Kunst.

Ich frage mich, ob sie sich in der Rolle einer Sprecherin der Gemeinschaft sieht oder nur für sich selbst spricht.

Sie möchte helfen, sagt sie. Sie möchte junge Menschen unterstützen und ihnen ermöglichen, in der Gesellschaft eine Stimme zu haben.

Was immer ich als Dichter mache, ist nicht vom Politischen getrennt. Alles ist Teil eines großen Ganzen.

Sie glaubt, dass der neu gewählte Präsident von Chile, Gabriel Boric, seine Meinung ändern wird.

Boric kommt aus Punta Arenas und ist kroatischer Abstammung, ein Nachkomme von Einwanderern von der Insel Brač.

In der Vergangenheit kam Salvador Allende als Abgeordneter der Región de Magallanes y de la Antártica Chilena ins Parlament.

Viele Hoffnungen, viele Hoffnungen, sehr viele Hoffnungen werden bei jüngeren Menschen geweckt.

Das Misstrauen der älteren Menschen gegenüber dem jüngsten Präsidenten in der Geschichte Chiles ist groß.

Was ist Zeit, was macht die Zeit aus unserer Zeit?

Gestern, auf dem Weg zur ersten Vorstellung des Universalgedichts, wurde mir ein Haus in der Nähe des Kulturzentrums in Punta Arenas gezeigt, in dem der berühmteste chilenische Hund, der Präsidentenhund, lebt.

Boric ist nicht nur der jüngste Präsident, er ist sicherlich auch der am stärksten tätowierte Präsident Lateinamerikas. Auf seiner Haut befinden sich angeblich Abbildungen von Magellans Karte von Patagonien und der Magellan-Buche, dem südlichsten Baum, der stärksten Winden standhalten kann.

Wir erreichen das Kulturzentrum in Porvenir. Der Wind ist eisig. Ein paar Einheimische haben sich versammelt und wir, die wir heute die Meerenge zwischen Patagonien und der Insel Feuerland überquert haben.

Der Kinderspielplatz wartet bereits auf die Installation. Das dänische Unternehmen transportiert in zwei Koffern einen Roboterarm und einen Transmitter, der die Daten des Universalgedichts zunächst umwandelt und dann an den Satelliten überträgt, der sie dann weiter ins All projiziert.

Wir lachen, als die hochmoderne Technologie auf einem Kinderspielplatz versucht, mit unbekannten Lebensformen zu kommunizieren, die sechshundert Lichtjahre entfernt sind.

Die Atmosphäre ist spielerisch und entspannt.

Begrüßungsreden, Erklärungen, dann dreht sich der mechanische Arm, richtet sich auf den Teil des Himmels, für den Wissenschaftler des Chilenischen Astronomischen Instituts berechnet haben, dass sich der Coalsack-Nebel in sechshundert Lichtjahren genau dort befinden wird.

Der Bildschirm zeigt die Visualisierung von Datenübertragungen, die Umwandlung von Text in ein binäres Signal.

Was wir machen, ist im Grunde genommen wie eine Fernsehsendung, sagte mir einer der Organisatoren am Abend zuvor, als wir in Punta Arenas bei extremer Kälte den ersten Start des Universalgedichts ins All verfolgten.

Das Problem ist nicht die Signalumwandlung und -übertragung, sondern die Frage, wie man Nichtfachleuten leicht erklären kann, was vor sich geht, wie man das Unsichtbare sichtbar macht.

Viele glauben immer noch, dass die Erde flach ist.

Streunende Hunde schleichen um uns herum.

In Porvenir gibt es viele nette streunende Hunde.

Ein großes Gefängnis, eine Militärbasis, windgepeitschte Gassen. Wenn ich meine Augen schließe, bin ich immer noch da.

Wenn ich meine Augen schließe, kann ich nicht aufhören, da zu sein. Denn ich bin wie der Wind.

Denn ich bin wie das Universum, darin ein winziges Pulverteilchen namens Erde.

Jemand auf der Erde, der ein paar Verse ins Unbekannte geschickt hat.

In den Wind.

Hargeisa, Somaliland
17. November 2022

Die Menschen in Somaliland sehen ihr Land als Land der Dichter. Ihre Kultur und Vergangenheit werden durch eine reiche mündliche Tradition bewahrt, die sich in einer Zeit, in der jeder ein Smartphone besitzt, dramatisch verändert. Somaliland hat alles, was andere Länder auch haben, außer internationale Anerkennung. Ein blutiger Bürgerkrieg spaltete das ehemalige Somalia in Somaliland und das heutige Somalia sowie Puntland. Somalilands Hauptstadt Hargeisa, die im Bürgerkrieg praktisch dem Erdboden gleichgemacht wurde und daher den Titel „Dresden Afrikas" trägt, expandiert heute. Der Klimawandel und wirtschaftliche Gründe haben bis vor kurzem überwiegend nomadische Gemeinschaften und Hunderttausende von Vertriebenen und Enteigneten in ein städtisches Zentrum gebracht, das sich in ständigem Wandel befindet. Fast nichts erinnert dort mehr an den Völkermord an den Mitgliedern des lokalen Isaaq-Clans durch die Kräfte der Zentralregierung des Diktators Siad Barre zwischen 1984 und 1991. Aber die Menschen vergessen auch nicht. Ich habe mich gefragt, welche Rolle die Poesie und die bemerkenswerte, weitgehend orale Erinnerungskultur der Menschen hier spielen, wie viel nomadische Tradition es gibt und was die Zukunft zwischen Versen, Wüstenwind und Mobiltelefonen noch bereithält.

Ich verschlief den Gesang der Muezzins, das erste Aufbäumen der Sonne, die Stimmen aus der Küche.

Der Tag wurde geboren, als wäre er schon unter uns gewesen, als der Mensch noch nicht da war.

Ich schlief trotz der Stimmen des Hotelpersonals, des Gezänkes des Wachpersonals, des Krähens der Hähne, des Morgengebets.

Alles war immer da. Jetzt ist nichts mehr da. Was bleibt, ist ein Gespräch.

Die Luft ist trocken, sie mumifiziert. Der Trotz der Bäume in der Savanne der Stadt ist eine ständige Erinnerung daran, dass hier in der Regenzeit die Welt anders ist, ganz anders.

Die schnelle Abfolge der Silben, die Wiederholungen, ich verstehe sie nicht, aber ich bin gebannt, wie gestern Abend, als ich zwei jungen Dichtern beim Rezitieren zuhörte.

Wer waren sie? Und was haben sie vorgebracht?

Ein junges Publikum im Kulturzentrum. Überwiegend Männer.

Die Frauen saßen auf der einen Seite, ausnahmslos mit Hijabs bedeckt, die jungen Männer saßen getrennt von ihnen, umarmten sich, schüttelten sich die Hände, kamen und gingen während der Veranstaltung, als ob es sie nicht wirklich etwas anginge.

Doch als einer der beiden Künstler aufhörte zu sprechen und ein auswendig vorgetragenes Gedicht durch den Raum schwebte, entstand plötzlich eine elektrisierende Spannung. Man konnte sehen, wie jeder zuhörte.

Man konnte riechen, anfassen, wortwörtlich begreifen, was man gehört hatte.

Was für ein großartiges Gedicht, hast du es verstanden?, fragte mich Jama Musse Jama, der Leiter und spirituelle Vater des Kulturzentrums in Hargeisa, nach der Lesung, als er zwischen den jungen Leuten saß, mit seinem Laptop auf dem Schoß.

Ich nickte, ohne ein Wort zu verstehen, aber ich wusste, dass gerade etwas Gewaltiges geschehen war.

Jama war gerade von einer Buchmesse in Jijiga, der Hauptstadt einer somalischsprachigen Provinz im benachbarten Äthiopien, zurückgekehrt, aber trotz dieser beschwerlichen Reise war er voller Tatendrang.

Bücher, Bücher, Bücher, alles über Bücher und was mit ihnen für die Nachwelt bewahrt wird, das ist das Thema des Jama-Zentrums.

So findet im Kulturzentrum in Hargeisa seit fünfzehn Jahren jährlich eine Buchmesse statt, die für viele andere in diesem Teil der Welt, auch für unsere Kollegen in Jijiga, zum Vorbild geworden ist.

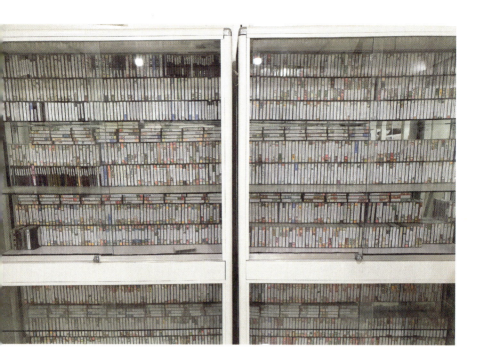

Das HCC (Hargeisa Cultural Centre) ist eine Insel der Freiheit in Hargeisa, ein Inkubator mit einem Veranstaltungsraum, einer Musikschule. Im obersten Stockwerk eines der Gebäude lernen somalische Frauen abends an Nähmaschinen zu nähen, und von irgendwoher dringt der Klang von traditionellen Instrumenten, die von Kindern gespielt werden, hinter dem Veranstaltungsraum, der ein überdachter Innenhof ist, befindet sich eine Kunstgalerie, ein kleines Museum und das Herzstück des Kulturzentrums, ein Archiv mit Hunderten von Audiokassetten mit Liedern und Zeitzeugnissen, die Jama seit Jahrzehnten sammelt.

Es war ein Gedicht über eine Mutter, darüber, wie sie Leben spendet, und dass es ohne sie keine Zukunft gäbe, sagte Jama wehmütig. Er spricht leise, fast zärtlich elbisch, und seine Augen leuchten unter der Mütze oder dem Hut, die seinen Kopf immer bedecken.

Die Veranstaltung war zu Ende und alle gingen. Das war gestern.

Ich trat hinaus in die Nacht, in den weichen Sand am Rande des Asphalts. Nur die kleinen Konservenläden und die Stände der Obstverkäufer leuchteten hell.

Die Nacht. Die Nacht war eine Befreiung.

In Hargeisa erwacht das Leben jeden Tag zweimal: frühmorgens zum ersten Gebet und nach dem Abendgebet, wenn die Nacht hereinbricht.

Das Leben ist nur jetzt. Und jetzt ist Morgen. Und jetzt ist die Nacht inmitten des Morgens und alles, was die Nacht und ihre Schwester, der Sand, und ihr Bruder, der Staub, umarmen und verbergen.

Ich verstehe nichts.

Den Namen für somalisches Brot, das unseren Pfannkuchen am nächsten kommt, spreche ich unsicher aus: loxoox, lohuh. Und ich werde sofort von den Kellnern ausgelacht.

Humor, nicht nur Klage und Trost, soll eines der Merkmale somalischer Poesie sein.

Poesie im Land der Dichter. Das höre ich immer wieder von den Bewohnern Hargeisas, und ich kann nicht anders, als bei dem Gedanken an den ähnlichen, doch gebrochenen, slowenischen Mythos zusammenzuzucken.

Das Land der Dichter. Für einen Westler klingt das ein wenig zu einfach, vielleicht sogar pathetisch. In der Tat wurde mir nach dem ersten oberflächlichen Gespräch über die Beziehung zwischen Somaliern und der Poesie klar, dass die Dinge ziemlich kompliziert liegen. Dass es offenbar tatsächlich so etwas wie ein somalisches Ohr für Poesie gibt. Für öffentlich gesprochene Poesie natürlich.

Schriftsteller schreiben, aber Dichter arbeiten aus dem Gedächtnis, sie sprechen auswendig, genau wie ihre Zuhörer, die die Worte mit größter Aufmerksamkeit verschlingen, das Gesagte verschlucken und nicht selten schon nach einmaligem Hören das Gehörte wiederholen können.

Macht der Dichter versehentlich einen Fehler im Rhythmus, kommt es zu lauten Protesten.

Dichter konnten, zumindest bis vor kurzem, weder schreiben noch lesen, sie waren die ungebildeten Barden ihrer Sippe.

Zumindest sagen das die Dichter und Gebildeten in einer Hauptstadt, die es vor mehr als hundertfünfzig Jahren, als Richard Burton hierher reiste, noch nicht gab.

Es ist Samstag, in Wirklichkeit aber Donnerstag. Zunächst verstehe ich nicht, warum es morgens weniger Verkehr gibt als sonst.

Ab und zu sind Ziegenherden zu sehen, zwei Kamele, und ein starker Geschmack von Frühstück kommt auf, von würziger Kamelleber, der im Mund verweilt.

Hargeisa, ein Wirrwarr aus bröckelnden Grundstücksmauern, aus vom chaotischen Verkehr aufgewirbeltem Sand, von Eseln gezogenen Karren, die Trinkwasser liefern, Baggern, der Armee, klapprigen Bussen und riesigen Geländewagen, ein Flickenteppich aus Dörfern, Häusern mit Blechdächern, unfertigen modernen Gebäuden und Geschäften. Und das alles mitten in einem massiven Anstieg der Einwanderung. Die unaufhaltsame Zuwanderung von Menschen aus der Savanne, Menschen, die noch gestern als Nomaden lebten, mit ihrem Kleinvieh den Weidegründen folgten und

Konflikten zwischen Familienclans, Milizen und der Armee aus dem Weg gingen.

Das Nomadendasein ist derzeit nicht in Mode, sagte mir neulich der Umweltschützer Ahmed I Awale, der sich mit seiner Organisation „Candlelight" für den Erhalt der Artenvielfalt in der Region einsetzt.

Alle strömen hierher, in die Hauptstadt. Immer mehr einheimisches Wissen geht dadurch verloren. Viele Techniken zur Herstellung bestimmter Gegenstände und sogar die Gräser und Bäume, aus denen sie hergestellt wurden, sind bereits ausgestorben.

Heute hat jeder ein Mobiltelefon, und die Menschen strömen in die Städte, die ganz anders aussehen als vor und während der Diktatur.

Vor dem Krieg war es verboten, Gebäude mit mehr als zwei Stockwerken zu bauen, und für jedes höhere Gebäude brauchte man eine Genehmigung aus der damaligen Hauptstadt Mogadischu.

Die Unterdrückung einiger der Clans, aus denen die Demokratische Republik Somalia bestand, durch den Diktator Siad Barre ging so weit, dass er den Menschen hier, die hauptsächlich dem verhassten Isaaq-Clan angehörten, nicht erlaubte, so zu bauen, wie sie es wollten.

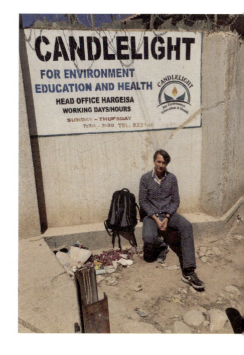

Tatsächlich ließ der Diktator in den 1970er Jahren im Zentrum der Stadt eine Bibliothek, ein Museum und ein Theater errichten.

Nichts davon ist geblieben. Die Bibliothek wurde in eine Polizeistation umgewandelt, die Reste des Theaters in ein Einkaufszentrum, das Museum wurde später zu einem Notfallkrankenhaus, und jetzt ist es eine Baustelle für ein neues Projekt.

Um es ganz offen zu sagen: Selbst während des „experimentellen Sozialismus" von Barre haben diese Gebäude ihren Zweck nicht erfüllt. Die Menschen, die gestern noch wie Nomaden lebten und weder lesen noch schreiben konnten, wussten einfach nicht, was sie mit Büchern anfangen sollten. Und selbst wenn, gab es keine Bücher, abgesehen von den meterlangen gesammelten Werken von Kim Il Sung. Ich erinnere mich, dass ich als junger Mann ein paar Mal in einem menschenleeren Museum schlafende Wächter angetroffen hatte, erzählt mir mit einem großen Lächeln Ahmed I Awale, den ich auf Empfehlung von Jam besuchte, und lacht mich aus.

Schüre Zwist, schaffe Konflikte, herrsche.

Schüchtere ein, unterdrücke, herrsche.

Bewaffne, erschaffe Sondermilizen, morde, sei hasserfüllt, herrsche.

Das waren die Prinzipien der Herrschaft von Mohamed Siad Barre, dem Offizier, der nach dem Staatsstreich von 1969 an die

Macht kam und bis zum Zusammenbruch seiner blutigen Armee, und damit des Landes, im Jahr 1991 regierte.

Wir fahren die Hauptstraße von Barres verhasster Stadt entlang. An der Ausfahrt von Hargeisa halten wir bei einem Kontrollpunkt an. Das langsame Vorankommen auf den holprigen Straßen wird plötzlich durch zügiges Joggingtempo ersetzt.

Die neue Straße verbindet den Hafen von Barbera in Somaliland mit Äthiopien.

So weit das Auge reicht, Sand, Steine, Plastik auf dem Asphalt, vereinzelte Telekommunikationsmasten, Savanne.

Ziegen, Esel, Kamele. Gelegentlich Schimpansen am Straßenrand.

Und Menschen, einsame Menschen. Allein auf der Straße nach Nirgendwo.

Hier und da eine Tankstelle in der Wüste. Einzelne Grundstücke, Mauern, die die Wildnis von innen abschirmen.

Das Glühen der Ferne. Am Horizont verändert sich alles, wird zu einem flüssigen Schimmer.

Eine halbe Stunde später erreichen wir die größte Touristenattraktion Somalilands, das megalithische Disneyland inmitten der Savanne.

Laas Geel, der Name bedeutet einen Ort, an dem Kamele trinken.

Fotografien, 2002 von französischen Forschern der Universität Montpellier aufgenommen, die eine der am besten erhaltenen Höhlenmalereien Afrikas entdeckt haben.

Keine Namen der Ureinwohner, die in den letzten fünf- oder sechstausend Jahren mit den Malereien gelebt haben.

Keine Aufzeichnungen. Kein Hinweis darauf, wer die Künstler waren und welchem Zweck die Malereien dienten.

Wir klettern hinauf zu dem Felsmassiv, das sich majestätisch über dem ausgetrockneten Wadi erhebt.

Unterwegs pflücke ich eine Kaktusblüte und bereue die Aktion sofort, denn meine Handflächen sind augenblicklich voll mit winzigen Kaktusstacheln, die die unglückliche Eigenschaft haben, dass man sie zwar herauszupfen kann, sie aber in den Fingern stecken bleiben, mit denen man sie entfernt.

Der uns begleitende Soldat und der Fahrer seufzen genervt. Sie sind bis zu dreißigmal im Jahr hier.

Alle Ausländer wollen hierherkommen. Sie selbst haben schon lange die Nase voll davon.

Laas Geel und viele andere prähistorische Stätten in Somaliland wären sicher schon längst auf der UNESCO-Liste der Welterbe, aber Somaliland ist nicht Mitglied der Vereinten Nationen, nicht Mitglied der Afrikanischen Liga, nicht einmal Mitglied der FIFA, obwohl in jedem somaliländischen Dorf Kinder einem Fußball hinterherlaufen. Kurzum, Somaliland ist auch nicht Mitglied der UNESCO und damit nur bedingter Teil des Weltkulturerbes und ihrer Listen.

Somaliland besitzt alles, eine Armee, ein Parlament, den somaliländischen Schilling, Zeitungen und Medien, ein Trauma und großen Stolz – alles außer Staatlichkeit.

Wir kommen zum Ersten der fünf Felsüberhänge.

Ich sehe elegante Rinder mit sichelförmigen Hörnern, aufgeblasenen Eutern, statuenhafte Gestalten, ganze Herden, mit denen die Decke bemalt ist.

Aus dem grau-weißen Stein ragen, als wären es Augen, die farbigen Rinnen der Zeit, die aus den Adern des Felsens wachsen. Je genauer ich schaue, desto mehr erscheinen sie. Es ist, als würde mein Blick sie erschaffen, als wären sie schon immer da gewesen, in meinen Augen, und ich musste so weit reisen, bis an die Spitze Afrikas, um sie zu erkennen.

Unter den Malereien sind menschliche Darstellungen, Hirten, Anbetende vielleicht, in verschiedenfarbigen Kleidern und unterschiedlichen Posen, Hunde, auch Giraffen, aber vor allem königliche Rinder, Rinder, Rinder.

Omar, unser Reiseführer, erklärt, dass unterhalb des Felsmassives für einige Monate im Jahr ein Fluss fließt. Dass Hyänen, Affen, Leoparden hierherkommen, aber es gibt keine Löwen, keine Schlangen.

Heutzutage gibt es hier keine Kühe, Rinder oder Büffel mehr.

Omar scherzt, dass die erste Klippe mit den Malereien früher ein Wohnzimmer, und die zweite Klippe, die größte, ein paar Dutzend Meter höher, wohl ein Konferenzsaal war, in dem die Eingeborenen ihre Versammlungen abhielten.

Die Felsen sehen glatt und weich aus. Wenn ich über sie streiche, drücke ich natürlich die Kaktusstacheln tiefer in meine Handfläche.

Hier nisten die Tauben. Auf dem Boden wuseln Chamäleons und Eidechsen, und über uns befinden sich Nester von seltsamen Wespen mit sehr langen Flügeln, vor denen Omar Angst hat.

Wenn man genau hinsieht, ist der ganze Ort plötzlich voller Leben, auch wenn er auf den ersten Blick trostlos und eintönig aussieht.

Man muss nur lauschen, auf die Risse in den Felsen, den Wind, die Spuren der wildlebenden Tiere, die immer wieder durchdringende Sonne über uns. Man lauscht und alles wird lebendig.

Es braucht nicht viel. Fast nichts, um die ungeheure Zerbrechlichkeit und Vergänglichkeit alles Lebendigen und gleichzeitig die beispiellose Kraft, die alles erneuert, wahrzunehmen.

Wie in den postnomadischen Behausungen in Hargeisa, wo ich in der letzten Woche zu Gast war, in den Wohnungen und Büros, den Restaurants und Cafés. Ein Tisch, ein Stuhl. Nichts an den Wänden, nichts als Fliesen auf dem Boden, keine Möbel, ein kahler Raum, ein Fenster, eine Tür und ein Mann in der Mitte von allem. Oder nicht in der Mitte – irgendwo am Rande, wie ein Satz ohne Worte, wie eine Fußnote. Selbst in den reichsten Häusern und in den prestigeträchtigsten CEO-Büros. Nur das zu besitzen, was man unbedingt braucht, was man jeden Tag benutzt. „Naamuurad", so nennen sie alles Unnötige, machen es lächerlich, werfen es schnell weg.

Obwohl sie mancherorts schon seit Generationen in städtischen Umgebungen leben, sind die Menschen hier immer noch Nomaden, die jederzeit all ihre Besitztümer, einschließlich ihres Zeltes, auf ein Kamel laden und weiterziehen könnten.

Wie weit würden sie gehen, wenn sie Schriftrollen oder gar Bücher mit sich führen müssten? Deshalb tragen sie Gedichte und Geschichten in ihren Köpfen, schwerelos, aber sehr wichtig für sie.

Die Einrichtung der Wohnungen in Hargeisa ist so bescheiden und minimalistisch, wie ich mir ein Gedicht vorstelle, reduziert auf das Wesentliche, ohne jede rhetorische Ausschmückung.

Obwohl die Gedichte hier nicht so sind. Zumindest nicht die, deren Übersetzungen ich gelesen habe. Das Gegenteil ist der Fall.

Die somalische Poesie scheint aus demselben Stoff wie die Unendlichkeit gewebt zu sein und ein offenes, unbestimmtes Ende zu haben, wie ein Nebel am Horizont, der die Horizontlinie verwischt und Himmel und Erde miteinander verbindet.

Wenn ich Hadrawi, den wohl populärsten somalischen Dichter der Nachkriegszeit, lese, kann ich nie sagen, ob die Übersetzung eines Textes, der schon einige Seiten lang ist, noch lange weitergeht, oder ob das Ende bald kommt, vielleicht schon auf der nächsten Seite.

Wo ist das Ende eines Gedichtes, eines Gebetes, eines Gespräches, wenn es aus dem Herzen kommt?

Für Somalier gab es bis vor kurzem nur Poesie, die von ihrer Vergangenheit zeugt.

Bis vor kurzem konnten die meisten Dichter weder lesen noch schreiben.

In Gedichten und Liedern bewahrten sie die kollektive Erinnerung an Ereignisse, Nöte und Konflikte, und in einer Vielzahl von Versformen rezitierten und überlieferten die Dichter die Zeilen ihrer Vorfahren von Generation zu Generation, mit dem klar definierten Ziel, ihrer unmittelbaren Gemeinschaft, ihrem Volk, zu helfen, wenn sie sich in einer ähnlichen Situation wie ihre Vorfahren befanden.

Das mag im Westen romantisch oder rückständig klingen, aber das erforderliche Auswendiglernen und das nötige Rhythmusgefühl stellen für die laienhaften Dichter große Herausforderungen dar.

Hadrawi war Lehrer, später wurde er aus politischen Gründen inhaftiert, und nach seiner Flucht ins Ausland in den frühen 1980er Jahren war er an der Gründung der somalischen Nationalbewegung SNM beteiligt, die Barres Herrschaft beenden wollte.

Er war einer der vielen somalischen Dichter, deren Gedichte in den 1980er Jahren die größten Motivationsmotoren waren, eine Art Propagandadynamit für den aktiven Widerstand des Volkes gegen die Gewalt der Kriegsmilizen von Barre.

Somalia erhielt erst in den 1960er Jahren seine offizielle, einheitlich lateinische Schrift. Gedichte, die vor der Vereinheitlichung der Schrift entstanden sind, wurden vorgetragen und mit etwas Glück später vertont und als Lieder Teil der modernen somalischen Ewigkeit.

Für viele Somalier bleiben nur die Lieder. Und das Klingeln der Handys.

Alles, was bleibt, sind Gespräche.

Alles, was bleibt, ist die Bewegung einer Erzählung, reich und unerschöpflich. Nichts erfreut die Somalier so sehr wie ein einnehmendes Gespräch, mit Rufen, Herumfuchteln, Umkreisen, mit Gebeten zu Allah, Flirten, sich aufs Herz klopfen, Berührungen (nur zwischen Männern), Herumfuchteln, sich im Kreis bewegen und immer wieder von Neuem anfangen.

Was sind das für Kreise neben dem Vieh und den Menschen, die überall abgebildet sind?, frage ich Omar, der uns drängt, weiterzugehen, um die schlimmste Hitze in Laas Geel zu vermeiden.

Der Fremdenführer erklärt mir die Dynamik der Darstellungen von Kühen, Hunden, Giraffen und melkenden Menschen, die alle mit sexuellen Anspielungen verwoben sind.

Hier treffen sich zwei Kühe, melken sich gegenseitig, haben dann junge Kühe, sagt Omar.

Alle lachen sich tot.

Was ist das für ein runder Gegenstand, der Kreis mit der gezeichneten Linie, den man überall sieht?

Das ist der Schlüssel, mit dem die Leute, die hier gemalt sind, die Kuh aufschließen, damit sie ihnen Milch gibt, schießt es aus dem Fremdenführer heraus.

Als ich neulich mit der jungen Malerin Najaax sprach, der fortschrittlichsten Person von allen, die nie im Ausland gelebt haben und die ich in Hargeisa getroffen habe, fragte ich sie, was sie mit

ihrer Kunst erreichen will, indem sie nackte menschliche Körper in imaginären Landschaften malt. Sie sagte, dass sie die Grenzen erweitern müsse.

Ich kann nicht nur von Brot und Wasser leben, die Menschen brauchen Schönheit und Kunst, das war schon immer so.

Was mich an ihrer Aussage beeindruckte, war, dass sie ihre Radikalität mit den Begründern von Laas Geel in Verbindung brachte, die vor Tausenden von Jahren, als es noch keine Kühlschränke, kein Geld, keine Antibiotika und keine digitalen sozialen Netzwerke gab, auch etwas anderes brauchten als das nackte Überleben: Bilder, die wir heute als Schönheit verstehen.

Najaax kann sich eine solche Haltung und Kunst nur im städtischen Zentrum erlauben, geschützt von ihrer Familie, auch wenn diese sie, wie sie sagt, oft nicht versteht.

Was ist mit Kunst als Form der Erinnerung?, frage ich Najaax und erfahre, dass ihre Aufmerksamkeit zu zerstreut ist, um sich die Geschichten oder die Gedichte ihrer Vorfahren einzuprägen, obwohl sie eine leidenschaftliche Leserin ist und die Aufgabe des modernen Künstlers versteht, mehr und tiefer als andere über die Dinge Bescheid zu wissen.

Als wir zu unserem Auto zurückkehren und ich über mein Gespräch mit der Malerin nachdenke, in dem es um Laas Geel ging, beugt sich Moustafa, der während meines Aufenthalts in Hargeisa mein Schutzengel ist, unerwartet zu mir und flüstert mir zu, dass der Vater des Fahrers Soldat in der SNM gegen Barre war und dass er, wie so viele andere, getötet wurde.

Ab und zu blitzt die Bürgerkriegszeit auf, wie ein Körnchen Bitterkeit oder ein sehr brutales, fleischliches Motiv in einem von Hadrawis Gedichten, während die meisten Gedichte von Reinheit, Einsamkeit oder dem Schreiben von Liebesbriefen mit Blut handeln.

Ich blicke auf eine grenzenlose Landschaft.

Wo es Weide und Wasser gibt, da sind wir zu Hause, so sagen die Nomaden, erzählt Moustafa.

Die Kolonialmächte, die Afrika am Schreibtisch aufteilten und damit die Grenzen der künftigen afrikanischen Staaten zogen, ignorierten dabei alle Menschen, die dort lebten oder umherzogen.

Wie soll man in dieser Hitze, in diesem unwegsamen Gelände Kriege um erfundene Grenzen führen, wie soll man dieses Gebiet kontrollieren, wie soll man es verteidigen und wie soll man unter den Bewohnern ein Gemeinschaftsgefühl schaffen? Es ist Mittag. Die Sonne hat sich in eine flache Scheibe verwandelt. Sie drückt und drückt. Noch ein wenig, dann ist es Zeit für das Gebet, danach essen alle und um vier Uhr nachmittags wird das Leben völlig tot sein.

Auf dem Weg aus der archäologischen Stätte erzählt uns ein alter Mann, der sein ganzes Leben hier verbracht hat, dass die Menschen immer noch glauben, in diesen Höhlen würden Dämonen leben, weshalb sie sich nicht in ihre Nähe begeben.

Im Auto singen alle Somalier bei der somalischen Musik mit, aus dem Radio ertönt das Zupfen des Kaban-Saiteninstrumentes, dann folgt der Gesang einer Männerstimme.

Am Straßenrand treiben zwei Jungen zwei kleine Kamele vorbei. Der Fahrer hält an. Wir fragen, ob wir ein Foto machen dürfen. Das dürfen wir natürlich nicht. Die Leute wollen nicht fotografiert werden. Sie glauben, dass das Unglück bringt.

In Hargeisa werden die Leute gewalttätig, wenn jemand unerlaubt eine Kamera zückt.

Wir wollen nicht, dass Fotos von uns in euren Zeitungen und im Internet erscheinen, sagen sie.

Wir wollen nicht, dass ihr uns mitnehmt, um uns zu entsorgen, sagt eine alte Frau im Souk in Hargeisa und fährt damit fort, die Schenkel des frisch geschlachteten Ziegenbabys zu sezieren, so dass ich sofort beschämt mein Handy wegpacke.

Fatima, die für das Kulturzentrum HCC arbeitet, hat eine Polaroidkamera dabei.

Zwischen den Seiten ihres Notizbuchs trocknet das fotografische Beweismaterial ihres Besuchs in Laas Geel.

Wir machen Notizen, knipsen auf der Rückfahrt heimlich Fotos durch die Autofenster und vergleichen Porträts.

Alles wird festgehalten. Alles wird dokumentiert. Unsere Privatarchive wachsen, als ob wir unseren wechselnden Erinnerungen nicht trauen würden, als ob das Gehirn nur ein Kanal wäre, nicht das endgültige Gedächtnis.

Wir haben alles und wir haben alles verloren.

Wir haben Bibliotheken und wir haben Archive, wir haben das Internet und wir haben Museen. Gleichzeitig vermissen wir uns selbst immer mehr.

Und deshalb sehnen wir uns so sehr nach der Gegenwart des Verlorenen.

Nichts hat eine bleibende Bedeutung im Dialekt des Mittagswindes, des kunstvollen Sandmehls, durch das wir fahren.

Der Fahrer Said hält an, es gibt viele Kamele am Straßenrand, niemand ist da.

Diesmal gelingt es uns, die Tiere zu fotografieren, aber als wir wieder ins Auto steigen, kommt eine Frau mit Kindern auf die Herde zugelaufen, sie werfen uns Steine hinterher.

Das Kamel ist das Nationaltier. Moustafa sagt, dass es mehr als sieben Millionen von ihnen in dem Land gibt, das keines ist, dass hier dieses einhöckrige Lasttier alle somalischen Clans verbindet, wochenlang Milch gibt, die nicht gerinnt und monatelang nicht einmal Wasser trinken muss.

In Somaliland gibt es ein komplexes Gleichgewicht von Macht und Ohnmacht zwischen den Clans, das den Frieden ermöglicht.

Es gibt zwei parallele Gesetzgeber, den Staat und den Clan, und vielerorts steht der Clan über den Gesetzen des Staates.

Ähnlich ist es in Somalia. Viele Menschen ziehen von Somaliland zurück nach Mogadischu, der Hauptstadt Somalias, trotz des Bürgerkriegs und der Gewalt, weil dort viel mehr Geld zu verdienen ist, alle multinationalen Unternehmen, alle ausländischen Missionen, alles ist in Mogadischu.

Bald sind wir wieder kurz vor Hargeisa.

Die ersten Gebäude am Straßenrand sind prestigeträchtige islamische Schulen, gefolgt von Läden für Autoteile, dann ragen die Mauern von Villen empor, es folgen kleine Geschäfte, dann die dicht bebauten und chaotischen Siedlungen. Es ist Rushhour. Die Somalier machen ihre letzten Besorgungen vor dem Gebet und dem Mittagessen, vor allem kaufen sie Kath.

Die Pflanze war eine Zeit lang verboten, aber jetzt gibt es überall Verkäufer und Lokale, in denen Männer sich die grünen Blätter in die Backen stopfen, sie kauen und schließlich ausspucken.

Wir kommen an den Ruinen des Zentralmarktes vorbei, der im März dieses Jahres niedergebrannt ist, was die Stadt und die nationale Wirtschaft schwer getroffen hat.

Im Kulturzentrum ist eine Ausstellung über die Folgen des Brandes zu sehen, große ziegelsteinartige Bündel von Fünftausend-Schilling-Noten, die vom Feuer bis zur Unkenntlichkeit verbrannt wurden, zerbrochene Flaschen aus dem Parfümladen, verbrannte Schuhe.

Nicht weit davon entfernt befindet sich die einzige bauliche Erinnerung an den Bürgerkrieg, das Denkmal, auf dem das MiG-Flugzeug gelandet ist.

Kaum zu glauben, dass hier vor mehr als fünfunddreißig Jahren nichts als Schutt lag. Dass es insgesamt nur zwei bis drei Kilometer befahrbare Strecke gab und alles andere dicht vermint war, wie das größte Gebiet dieses Teils von Somalia, mit über einer Million Landminen.

Tötet sie alle, lasst nur die Krähen übrig!, lautete einer der berühmten Befehle von Oberst Tukeh, einem der wichtigsten Männer in Barres Spezialmiliz.

Alles, was zurückbleiben wird, ist Asche, erklärte Barres ehemaliger Leibwächter und Schwager, der spätere Vizepräsident und Verteidigungsminister, der Schlächter von Hargeisa, General Morgan.

Es war Völkermord, ein Versuch, den Isaaq-Clan auszulöschen, der als Reaktion auf Barres Terror seine eigenen Milizen im benachbarten Äthiopien gründete und sich über die SNM der systematischen Zerstörung widersetzt hatte, die ein Jahrzehnt lang gegen die Angehörigen des Isaaq-Clans betrieben wurde.

Lass uns aufhören. Zeit fürs Mittagessen. Moustafa führt uns in ein Restaurant, das auf Kamelfleisch spezialisiert ist.

Suppe aus Kamelfleisch und Gemüse. Gebratenes Kamelfleisch, Salat und Reis.

Moustafa und Fatima sprechen über ihre Familien. Moustafa hat sechs Brüder und eine Schwester, Fatima stammt aus einer Familie mit sechs Kindern.

Das ist ganz alltäglich.

Somalier wollen große Familien haben.

Ich möchte vier Kinder mit vier Frauen aus vier verschiedenen Regionen Somalias haben, sagt Moustafa.

Oh mein Gott, so viele Kinder zu haben, ist eine logistische Herausforderung, sagt Fatima, aber große Familien sind toll.

Warum esst ihr so langsam?, fragt Moustafa. Wir essen hier sehr schnell, alles ist blitzschnell fertig, sagt er, während er mit der rechten Hand eine Banane mit Reis und Kamelfleisch mischt und mit der linken Hand Nachrichten in sein Telefon tippt.

Ich frage, ob somalische Expatriates auch mehrere Frauen haben.

Ja, aber heimlich. Und manchmal sagen die Ehemänner nicht einmal der ersten Frau, dass es irgendwo noch andere gibt, Feiglinge, sagt Fatima.

Moustafa regt sich darüber auf, wie es sein kann, dass die Kultur der Einwanderer in England nicht respektiert wird.

Und warum klingelt sein Telefon schon wieder?

Telefone sind der Schlüssel zum Wandel der somalischen Gesellschaft. Für einen halben Dollar kann man eine SIM-Karte kaufen, für einen weiteren halben Dollar kann man einen Monat lang telefonieren und im Internet surfen.

Ich habe nicht einmal mehr physisches Geld, sagt Moustafa. Auch meine Freunde benutzen es nicht, wenn sie ausgehen oder Besorgungen machen. Wir bezahlen alle über Apps, selbst dem Bettler wird das Geld auf sein Telefonkonto überwiesen.

Ich denke darüber nach, wie die Digitalisierung den Lebensstil der Nomaden verändert. Was passiert mit einer Gesellschaft, die noch gestern ihre Informationen nur mündlich verbreitete, und heute fast augenblicklich auch die Somalier in den entlegensten Winkeln der Savanne über die neuesten Skandale in der Hauptstadt informiert sind?

Und was ist mit dem Essen, das übriggeblieben ist?, frage ich.

Das geht alles an die Armen, sagt Moustafa, es ist verboten, Lebensmittel wegzuwerfen.

Es ist zwei Uhr. Wir machen uns auf den Weg, die Beine müde von der sengenden Hitze, in Richtung des Kulturzentrums. Hargeisa ruht sich aus.

Es war an meinem Geburtstag, dem 31. Mai 1988, als die Kriegsflugzeuge von Siad Barre vom nahe gelegenen Militärflugplatz abhoben und meine Stadt mit voller Wucht und Artillerie angriffen. Sie töteten alles, was lebte, Kinder, Verwundete, alte Menschen und Frauen auf der Flucht. Auf dem Höhepunkt der ethnischen Säuberung wurden zwischen sechzig- und neunzigtausend Menschen brutal ermordet.

Barre heuerte Söldner an, weiße Piloten aus Südafrika, die Bombenangriffe aus der Luft steuerten und den Tod unter der Zivilbevölkerung verbreiteten. Ihre Namen und lächelnden Gesichter sind auf einem Foto festgehalten, das vor dem Abflug aufgenommen wurde und im Internet und in seltenen Büchern über einen der brutalsten Völkermorde der letzten fünfzig Jahre kursiert.

Insgesamt wurden bei den Säuberungsaktionen, die Barres Spezialeinheiten zwischen 1984 und 1991 durchführten, bis zu zweihunderttausend Menschen getötet. An diesem Tag, meinem

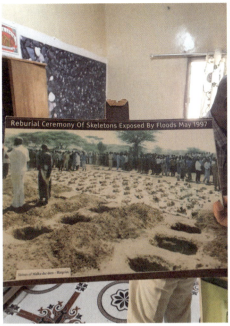

Geburtstag im Jahr 1988, wurde Somalias zweitgrößte Stadt zum Dresden Afrikas erklärt.

Trotz der Niederlage der Truppen des Diktators und des Zerfalls Somalias erinnert heute nichts mehr an die Ereignisse, mit Ausnahme des Denkmals mit der MiG auf der Spitze, das sich gegenüber dem Bereich im Zentrum befindet, auf dem Marktplatz im Souk.

Bis vor kurzem stand das Flugzeug auf einem niedrigen, mit Kriegsszenen bemalten Sockel. Seit diesem Frühjahr steht es auf einem Triumphsockel aus Marmor, ohne dass ersichtlich wird, warum das Flugzeug dort steht.

Selbst Hadrawi sang nur noch online über sein Hargeisa, eine Stadt, die sich stark entwickelt, verändert und wächst. Er starb im August dieses Jahres, nachdem er nach einem jahrelangen Leben im Vereinigten Königreich in sein Hargeisa zurückgekehrt war.

Es gibt kein Denkmal für den Dichter, keines für die Opfer und die Zerstörung, keine Mahnung für künftige Generationen.

Es gibt keine staatlichen Museen in der Stadt, abgesehen von zwei Privatsammlungen, die der Öffentlichkeit zugänglich sind, dem Saryan-Museum und dem Kulturzentrum von Hargeisa, aber da sie außerhalb des Stadtzentrums, zwischen Ministerien und Regierungsvillen, nebeneinander liegen, werden sie nur von denen besucht, die sie kennen.

Junge Länder, die außergewöhnliche Opfer entrichten mussten, wollen in der Regel ihre Heldengeschichte erzählen, sie in ihre DNA einschreiben, sie feiern und zu verschiedenen Zwecken lehren, sicherlich um eine Wiederholung der Massaker zu verhindern. All das gibt es in Hargeisa nicht. Die Geschichte Somalilands wird in den Schulen nicht gelehrt, und junge Menschen, die nach der Gründung eines neuen Staates geboren wurden, der alles andere als internationale Anerkennung genießt, sind weitgehend unwissend über das, was geschehen ist, und über den hohen Blutzoll, den die Menschen hier für den Sturz des Regimes bezahlt haben.

Als Antwort auf meine unermüdlichen Fragen nach dem Verhältnis zwischen Poesie und dem kollektiven Gedächtnis der Somalier, nach dem Verhältnis zwischen einer außergewöhnlichen mündlichen Tradition und modernen zeitgenössischen Formen, nutzt Moustafa die Verbindungen des Kulturzentrums, um einen Termin bei der Abteilung für die Untersuchung von Völkermord und Kriegsverbrechen der Republik Somaliland zu bekommen.

Bis vor kurzem war es eine Regierungskommission, jetzt ist es nur noch eine Abteilung des Justizministeriums.

Wir betreten einen kleinen Innenhof, in dessen Mitte ein zerbrochener Stuhl als Erinnerung steht.

Wir werden herzlich empfangen, und der Beamte, dem wir zugeteilt sind, beginnt zunächst, einen Bericht über die Arbeit der Abteilung von einem Computer abzulesen.

Die Aufgaben und Ziele der Abteilung, der Beginn und der Fortschritt der Arbeit, hundertsiebzig Zeugen seien gefunden worden, der Verbleib von etwa zweihundertvierzig Massengräbern sei identifiziert worden, zweihundert davon in der Umgebung von Hargeisa, einige seien mit Hilfe peruanischer Gerichtsmediziner untersucht worden, und einige der Leichen seien identifiziert worden.

Ich habe viele Fragen, aber ich bekomme keine Antworten. Der Beamte liest unermüdlich vom Bildschirm ab, bis er mir schließlich den auf Papier gedruckten Bericht überreicht.

Ich frage, ob sie irgendwelche Unterlagen, Archive oder Beweismaterialien in der Nähe gelagert haben. Der Beamte führt mich in einen Nebenraum, in dem andere Kollegen sitzen, vier ältere, vornehme Herren, und sie beginnen, Fotos aus einem Schrank zu ziehen, auf denen Grabstätten, menschliche Überreste und Kleidung abgebildet sind.

Ich frage mich, warum in Somaliland kein Wille besteht, offen über die Vergangenheit zu sprechen.

Es ist wichtig, nach vorne zu schauen, der Waffenstillstand zwischen den Clans ist brüchig, und es gibt nur sehr wenige Ressourcen dafür und sehr wenig Wissen darüber, wie man mit solchen Traumata in der Gesellschaft umgeht. Wir hören, dass in Ruanda das Problem der Bewahrung der Erinnerung an den Völkermord vorbildlich gelöst wurde, ein Museum wurde gebaut, aber hier ist so etwas vorerst nicht möglich.

Auf der einen Seite haben wir niemanden, bei dem wir uns beschweren können, wir haben nur wenig Zugang zur internationalen Gemeinschaft. Wir bekommen nicht einmal die grundlegendste Ausrüstung und die Hilfe von Exhumierungsexperten, sagt einer der vier Weisen, denen der Wunsch, die Dinge zum Besseren zu wenden, ins Gesicht geschrieben steht, gleichzeitig aber auch die völlige Hilflosigkeit angesichts der politischen Umstände.

Wir wissen, wer die Täter sind. Bei vielen wissen wir sogar, wo sie wohnen. Wir haben die Adressen der südafrikanischen Söldner. Der Henker von Hargeisa, General Morgan, wurde vor einiger Zeit sogar Abgesandter Puntlands im somalischen Parlament. Es gab zwei Fälle, in denen mit Hilfe von Privatklagen und NGOs in den USA zwei der direkt für den Völkermord Verantwortlichen ausfindig gemacht und vor ein Zivilgericht gestellt wurden. Einer von ihnen, Tukeh, arbeitete jahrelang am Flughafen Dulles in Washington und als Uber-Fahrer. Als Fahrer hatte er eine sehr hohe Kundenzufriedenheitsbilanz, aber in Wirklichkeit war er der Schlächter von Hunderten von Menschen. Wir existieren nicht als Land, also haben wir keine Stimme, wir können nicht einmal ein Verfahren

einleiten, wir sind machtlos, und das wird sich erst ändern, wenn wir Hilfe von außen bekommen.

Vier alte Männer in einem Kampf, den niemand zu wollen scheint, vier Apostel der Erinnerung, vier ohnmächtige Beamte, die ohne Mittel und Befugnisse hier geparkt sind, vier, die Angst haben, dass sich die Geschichte um des Vergessens willen wiederholt.

Als ich mit Jama über unseren Besuch in der Abteilung für Völkermord und Kriegsverbrechen spreche, erzählt er mir seine Geschichte. Als großer Bewunderer der Poesie war er fasziniert von Gedichten, die zum Widerstand motivierten und später besänftigten und das Zusammenleben förderten. Das war nicht ungewöhnlich in seiner Studentengeneration, die 1982 von einer der ersten Säuberungen unter Barre geprägt war.

Über dreißig Intellektuelle, die meisten von ihnen Professoren an der Universität von Hargeisa, die sich als Bürgerinitiative für die Verbesserung der Lebensbedingungen in der Stadt eingesetzt hatten, wurden von Barres Regime ganz beiläufig als Verschwörer gebrandmarkt, inhaftiert und mit dem Tod durch Erhängen oder dreißigjährigen Haftstrafen bedroht. Nach monatelangen Prozessen wurden sie in einem politischen Verfahren, in dem sie keine Gelegenheit hatten, sich zu verteidigen, und in dem weder die Anklageschrift noch das Urteil veröffentlicht wurden, zu drakonischen Strafen verurteilt. In einem Akt der Verzweiflung begannen die Schüler und Studenten zu protestieren. Es war das erste Mal, dass Jama Steine auf Soldaten warf. Die Soldaten feuerten in die Menge.

Es gab Todesopfer, das war einer der Auslöser für die Organisation des Aufstands.

Die Lehrer wurden zu hohen Haftstrafen verurteilt und erst nach neun Jahren in schlimmster Einzelhaft kurz vor dem Zusammenbruch des Landes entlassen. Nach dem Krieg und der völligen Zerstörung der Stadt kehrte Jama, der in der Zwischenzeit in Europa studiert und gelebt hatte, in das verminte und völlig zerstörte Hargeisa zurück.

Damals, 1991, gab es eine einzige Frau, die ein paar Stühle auf der Straße hatte und Tee und Kaffee verkaufte. Es fehlte an allem in der Stadt. Was die Soldaten nicht geplündert und verbrannt hatten, hatten die überlebenden Einwohner mitgenommen, darunter alles aus den Archiven, alles, was man 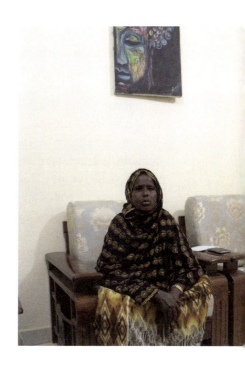 gebrauchen konnte. Beim Teetrinken sah Jama, wie einer der Gäste von diesem einzigen Straßencafé inmitten der Ruinen seinen Mund mit einem Papier abwischte, auf dem sich ein offizieller Stempel befand. Er entdeckte, dass es sich bei dem Papier um die letzte Seite des Prozessprotokolls und das Urteil des Gerichts gegen seine Lehrer handelte. Er nahm den Rest des Umschlags, der sonst als Taschentuch oder Toilettenpapier verwendet worden wäre, an sich. Seitdem sammelt Jama Zeugenaussagen und Dokumente, läuft mit einer kleinen Tasche und einem Aufnahmegerät durch die Stadt, um seine Erinnerungen zu erweitern.

Vor vielen Jahren filmte Jama die berühmte Dichterin Saado bei der Rezitation ihres ergreifenden Gedichts über den Clankonflikt, der unmittelbar nach dem Krieg ausbrach. Mehr als zwanzig Jahre später sagt Jama, dass die Dichterin sich nicht mehr genau an alle Verse erinnerte und die direkte Nennung der Clans ausließ, was heute dumm und provokant erscheint, damals aber sehr subversiv wirkte.

Es war fünf Uhr nachmittags. Draußen, in den Straßen des neuen Hargeisa, hatte der zweite Teil des Tages, der zweite Morgen, der Beginn des Samstagabends, der in Wirklichkeit ein Donnerstag ist, begonnen.

Ich trinke somalischen Tee auf der Freiheitsinsel mit den Mitarbeitern des Kulturzentrums von Hargeisa. Starker schwarzer Tee mit genau der richtigen Menge Milch. Am Anfang ist er mit Schaum bedeckt, aber wenn man ihn lange genug in der Tasse lässt, wächst dem Tee eine Haut, als ob der Tee eine offene Wunde wäre und etwas sie schließen, abdecken, schützen müsste.

Aber man kann den Tee nicht trinken, ohne diese Haut zu durchstechen, sie in den Mund zu nehmen oder sie vom Tee zu entfernen. Wer somalischen Tee trinkt, muss die Epidermis entfernen und die Wunde öffnen.

Um mich herum sind alle, offen gesagt, nervös.

Im Zentrum finden zwar viele Veranstaltungen statt, aber es kommt nicht jeden Tag vor, dass eine so große und wichtige Dichterin kommt.

Sie haben Jamas zwanzig Jahre alte Aufnahmen ihrer Rezitationen vorbereitet, die Gedichte transkribiert, sorgfältig Listen mit Fragen erstellt.

Schließlich tritt Saado Abdi Amare ein. Gekleidet in ein schwarzgoldenes Kleid, mit goldenen Armreifen und Armspangen, ihre Handflächen rot von Henna und ein Blick, der einen Mann durchbohrt wie ein Speer einen jungen Bock.

Ich sehe sie als lebendige Naturgewalt, als Donner und als Nacht, und ich fühle mich sofort tausend Jahre jünger als sie, obwohl der tatsächliche Altersunterschied viel geringer ist.

Wir setzen uns hin. Saado beginnt, die Geschichte Somalias zu erklären.

Wie fast alle somalischen Dichter spricht sie weder Englisch noch andere Fremdsprachen.

Moustafa hat Mühe, die komplexen Gedanken und die feinen Nuancen der Fragen und Antworten zu übersetzen.

Wir sprechen über den Krieg in Jugoslawien, über die seltsamen Parallelen zwischen Slowenien und Somaliland, zwei Länder,

die Anfang der 1990er Jahre entstanden sind, zwei Gemeinschaften, denen der Mythos der Poesie am Herzen liegt.

Von Zeit zu Zeit bin ich von dieser Sichtweise der Dinge beeindruckt.

Poesie als ein Denkmal des Widerstands, der Beharrlichkeit, der Schärfe. Es ist das zerschundene Fleisch ihres Volkes.

Die Poesie kommt immer von irgendwoher, sagt sie. Manchmal aus einem Gefühl des Glücks, manchmal aus großem Schmerz und Traurigkeit.

Ich folge ihren Worten auf Somali, ohne ein einziges Wort zu verstehen. Aber dann, in einem Moment, verstehe ich alles, ich weiß, dass sie den Ruf eines Vogels imitiert, vielleicht eines Vogels, der stirbt, eines Vogels auf der Flucht, eines verängstigten Vogels. Wie, warum ich sicher bin, dass ich es verstehe, ist mir nicht klar.

Moustafa übersetzt Saados Worte: Einmal, als ihr Dorf beschossen wurde, weinte sie Tag und Nacht, und dann sagte ihre Schwester zu ihr, sie solle nur einmal weinen und nicht ständig. Sie weinte, wenn die Granaten fielen und die Vögel nach jeder Explosion aufflogen, und wenn es scheinbar ruhig war. An diesem Ort in ihrem Inneren entstand ihr erstes Lied, das war 1988. Sie erhielt die Gabe der Poesie von ihrem Vater und ihrem Onkel, wie die meisten somalischen Dichter, die ihre Gabe von Verwandten oder von Gott oder vom aufmerksamen Zuhören anderer Dichter erhalten.

Plötzlich wird sie milder, nachsichtiger, sogar sanft.

Ein Gedicht ist immer ein Ereignis, denn es hat eine Botschaft, es spricht von Dingen, die sich immer wiederholen, wie ein Krieg, wir sprechen immer ein Gedicht zu unserem eigenen Volk, sagt Saado, um nicht die gleichen Fehler zu wiederholen.

Die Mitarbeiter des Kulturzentrums schalten den Kassettenrekorder ein und Saados Rezitation von 1993 wird abgespielt.

Eine Stimme, als würde sie einem Mann zu Lebzeiten Teile seines Körpers ausreißen. Wie der Wind, der Regen in die Wüste bringt. Wie Steine, die sich langsam in Felsenhaufen tief unter der Erde bewegen.

Als die Stimme der Dichterin verklingt und die Aufnahme endet, sind die Gesänge der Muezzins aus den nahe gelegenen Moscheen zu hören. Eine Sache legt sich über die andere und wird für einen Moment fast Teil eines großen Liedes.

Ich schaue auf mein Handy nach der Uhrzeit.

Draußen ist die Dämmerung hereingebrochen. Es ist spät und es ist wieder früh.

Die Menschen strömen in das Zentrum von Hargeisa zu den Souks und Cafés.

Sie sitzen, kauen Kath, trinken Tee und Kaffee, essen, schauen auf ihre Handys und unterhalten sich.

Was bleibt, was ist, das bin nicht ich, das bist nicht du. Was ist, ist das Gespräch.

Dann stelle ich heute Abend eine letzte Frage.

Wann hat sie eines ihrer Gedichte, Gedichte, die sie von Dorf zu Dorf getragen hat, Gedichte, die jahrhundertelang nur dazu gedacht waren, öffentlich vorgetragen zu werden und live gehört und erinnert zu werden, einer Maschine anvertraut, wann hat sie zum ersten Mal einen ihrer Vorträge aufgenommen und was ist dabei mit ihrem Gedicht passiert? Und was mit ihr?

White Sands, USA
2. April 2023

„Ich möcht ins Weiße schwimmen. / Ins Reine. Bodenlos. / Ins ohne Horizont. / Kehrte ich je zurück? / Als Weiß im Inneren von Weiß. / So aufgelöst im Weiß. / Entkörperlicht. / Kehrte ich je zurück?" Als ich dieses Gedicht von Dane Zajc vor mehr als zwanzig Jahren gelesen habe, ist es ein Teil von mir geworden. Wie die Idee des Weißen als ultimativer Horizont ohne Horizont, des weißen Raumes hinter dem Tod als offene Möglichkeit, jenseits aller möglichen religiösen Interpretationen, besteht. Das Weißeste von allem ist das Licht selbst. Das weißeste Licht ist das Licht, das nicht gesehen werden kann, das Licht hinter dem Licht, das Licht im Licht, das Licht des Unsichtbaren und des Unbeschreiblichen. Das Weiß im Weiß. Julius Robert Oppenheimer, der Vater der Atombombe, zitierte einen Vers aus dem indischen Epos Bhagavad Gita, um das Gefühl zu beschreiben, das ihn nach der ersten erfolgreichen Detonation überkam. Darin nimmt der Gott Vishnu, um einen Prinzen an seine Pflichten zu erinnern, eine geisterhaft göttliche Gestalt an und sagt: „Ich bin der Tod geworden, Zerstörer der Welten." Trinity Site bezeichnete Oppenheimer als den Ort, an dem am Morgen des 16. Juli 1945, genau um 5:29:49 Uhr Mountain War Time, unser Atomzeitalter begann. Die Plutoniumbombe explodierte in einem der am dünnsten besiedelten Gebiete der USA, im Bundesstaat New Mexico auf dem damals geheimen Militärgelände White Sands. Die Explosion der Bombe veränderte die Geschichte der Menschheit, beendete den Zweiten Weltkrieg mit der totalen Zerstörung von Hiroshima und Nagasaki und leitete den nächsten ein, den Kalten Krieg. Ausgerechnet dieses Ereignis der Neuzeit prägt uns bis heute grundlegend. Es schafft eine ständige reale Bedrohung, ein System der kollektiven Einschüchterung, in dem die Menschheit seit 1945 lebt. Nach der Katastrophe von Tschernobyl und dem Zusammenbruch der Sowjetunion schien es eine Zeit lang so, als ob die Nationen, die über die schrecklichsten aller Waffen verfügten, zu einem rationalen Dialog und zu gegenseitiger Kontrolle fähig wären und die Ängste abgebaut werden könnten. Doch der „nukleare Frühling" währte nicht lange. Die atomare Konfrontation und Vernichtung ist als mögliches Ereignis aller Ereignisse wieder aufgetaucht, bei dem alle Unterschiede zwischen Religion und Wissenschaft, zwischen Sprache und Schweigen, zwischen Täter und Opfer verwischt werden. Zwischen dem weißen Licht im Inneren aller Lichter einer Atomexplosion und dem weißen Sand von White Sands, wo paradoxerweise ein Nationalpark und Amerikas größtes Testgelände für ballistische Raketen nebeneinander bestehen.

Geh es langsam an, Sonne.
Keine Eile.
Es muss alles noch geschehen, denn es ist bereits geschehen, aber in einem für menschliche Augen unsichtbaren Licht.
Wir wissen nicht, wie das Licht in die Welt kommen wird, aber es ist unvermeidlich. Denn alles, was sein wird, ist bereits geschehen, und deshalb ist das Erscheinen des Verborgenen notwendig, da es Teil unserer Vergangenheit ist.
Sonst gäbe es keine Träume, keine Vorahnungen, keine Geburten und kein Entschwinden in den Tod, keine Visionen und keine Prophezeiungen.

Bei Letzteren sind wir sehr unzuverlässig. Nur verschleiert, wie durch einen dicht gewebten Stoff innerer Bilder, erblicken wir für einen zerbrechlichen Augenblick das Licht, das aus der Zukunft eindringt und im gegenwärtigen Moment erhellt, was immer schon Vergangenheit war.

Das klingt sehr philosophisch, zu prätentiös metaphysisch, aber es ist nichts von alledem.

Es ist ein einfaches, alltägliches Wunder, wie Sie und ich, wie die Sonne.

Ich lebe viele Leben und ein Leben, das aus vielen Möglichkeiten besteht.

Eine Möglichkeit: Sonne.
Eine Möglichkeit: Licht.
Eine Möglichkeit: hier.
Hier also bin ich.
Weil Hier immer noch existiert.
Denn der Ort, an dem ich bin, wird gewesen sein, wenn ich ihn verlasse, und er wird da sein, bevor ich jemals von seiner Existenz wusste.
Mit all meinen Ängsten und Zweifeln.
Mit all den Geschichten, den unwichtigen, wichtigen, unwichtigen, wichtigen.
Für wen? Für wen?
Ich weiß es nicht, das müssen Sie herausfinden, Sie, der Sie das hier lesen.
Wer sind Sie? Wer bin ich?
Nach all dieser Zeit, nach einer Zeit, die noch sein wird, weil sie schon gewesen ist, so viel Unbekanntes.

Das Unbekannte ermöglicht Bewegung, Suche, ein Überleben, neue und immer neue Konstellationen, wer weiß, manchmal vielleicht sogar Freiheit.

Alles sehr zerbrechliche, elementare, aber zugleich unausweichliche, fatale Dinge.

Waren diese Dinge da, haben sie auf mich gewartet?

Haben sie sich schon ereignet, bevor ich ankam, und wiederholen sie sich seit dem Moment, in dem ich ihnen in der Gegenwart begegnet bin, die bereits Vergangenheit ist?

So wie meine erste Ankunft hier, im White Sands National Park, vor zwei Tagen.

Ich kam, um den Ort zu sehen, an dem ich heute schreibe, um die Bedingungen zu prüfen, um zu sehen, ob es Schatten gibt und ob die Sonne hier brennt, wie überall in der Ebene des Tularosa River im Süden des Staates New Mexico.

Ich kaufte das Ticket für den Nationalpark, fuhr ein paar Meilen in den Park hinein, hielt nicht am ersten, nicht am zweiten, sondern am dritten Besucherparkplatz.

Ich saß noch im Auto, als ich Stimmen hörte.

Stimmen in der Nähe.

Zuerst waren es beruhigende Stimmen: Ma'am, ist alles in Ordnung? Brauchen Sie Wasser?

Dann drängende Stimmen: Lassen Sie das Messer fallen. Lassen Sie es fallen, sofort!

Die beiden Polizisten, die die Fragen gestellt hatten, entfernten sich vom Auto, der dritte verscheuchte eine Handvoll zufälliger Besucher des Parks.

Ich habe sie schreien hören: Was machen Sie denn da? Runter vom Dach! Lassen Sie das Messer fallen, jetzt!

Im Rückspiegel sah ich eine Frau auf dem Autodach, die Arme blutverschmiert bis zu den Ellbogen, sie stach auf etwas Regungsloses unter ihr ein, ich glaubte, die Vorderpfoten eines Hundes unter ihr zu erkennen, im nächsten Moment verschwand sie durch das Schiebedach zurück ins Auto.

Die beiden Polizisten zogen sich zurück, um ihre Ausrüstung zu holen, einer von ihnen hatte sein Gewehr angelegt, beide trugen schusssichere Westen.

Ich hörte: Kommen Sie raus, hören Sie, kommen Sie mit erhobenen Händen raus!

Eine Zeit lang war nichts zu hören. Dann öffneten sich der Kofferraum und die Hintertür automatisch, zwei junge Hunde sprangen winselnd aus dem weißen Auto und liefen in die Dünen.

Dann öffnete sich die Vordertür. Die beiden Polizisten schrien, aber die Frau ignorierte ihre Rufe und kramte im Kofferraum herum.

Die Polizisten befahlen ihr erneut, das Messer fallen zu lassen, die Arme zu heben und sich auf den Boden zu legen.

Stand sie unter Drogen? War sie völlig verzweifelt? Befand sie sich in einer Art Trance?

Ich konnte nicht alles sehen.

Es war zu vorhersehbar, zu sehr wie im Fernsehen.

Für einen kurzen Moment war ich diese Frau, ich wusste, was als Nächstes kommen würde.

Ich hörte einen Schuss.

Ein Polizeiauto fuhr vor und versperrte mir die Sicht.

Bald darauf traf ein Krankenwagen ein.

Später sah ich den Körper der Frau auf einer Bahre auf dem Boden liegen.

Sie bewegte sich, zumindest schien es mir so.

Die Polizei nahm die Kontakte von mir und anderen Augenzeugen auf und hörte sich unsere Beschreibungen davon an, was wir gesehen hatten. Dann mussten wir den Tatort verlassen.

Als ich losfuhr, kam einer der beiden verlorenen Welpen vorbeigelaufen.

Woher kamen sie? Wo wollten sie hin?

Sie waren hier.

Und alles, was vor einer halben Stunde noch nicht geschehen war, war bereits geschehen.

Die Sonne. Bevor sie um 6:30 Uhr aufgeht, sinkt die Temperatur in der Wüste auf fast null Grad ab.

Dann taucht die Sonne hinter den Bergen auf, als wäre sie schon immer da gewesen, und erwärmt mit ihrer kristallinen Klarheit sofort die Schatten und die Landschaft.

Sonne, warum hast du es so eilig?

Das Licht an diesem Ort ist unglaublich rein und klar. Die Luft ist frei von Feuchtigkeit, gläsern und frisch, leicht zu zerbrechen, wenn man zu schnell geht.

Also nicht zu schnell, auch wenn ich spät dran und gleichzeitig doch zu früh bin.

Entlang der Straße nach White Sands: Werbung für Online-Waffengeschäfte, für Anwaltskanzleien, die dich sicher verteidigen, die dir Recht verschaffen, ein Urteil zu deinen Gunsten er-

wirken. Riesige Werbespots für einen Lebensstil in vollen Zügen, für Leben oder Tod. Live free or die hard.

White Sands ist eine Erscheinung, die langsam am Horizont heranwächst.

Die Wüste gebiert, der Horizont ist faltig, sie schäumt wie Milch, sie steigt auf wie Hefe, Eruptionen von weißem Sand, der in geologischer Vorzeit im Wasser eines riesigen Sees aufgelöst wurde.

White Sands ist ein Rest von Wasser, ein Durst, die trockenen Augenlider der Erdoberfläche, selten von Regentropfen berieselt.

Das Geheimnis der Farbe ist eine Substanz: Gips. Es ist der Rückstand von Körpern, die verdunsten, und dieser Rest wird durch den Wind gebrochen und an alle Enden und Orte verstreut.

Obwohl er häufig vorkommt, findet man Gips nur selten in sandiger Form, da er schnell aufgelöst und vom Wasser wieder fortgespült wird.

Nicht so in White Sands.

Hier gibt es über zweihundert Quadratmeilen Gipsdünen, die größte Gipslagerstätte der Welt.

Ein Labyrinth aus Dünen, die nicht vom Wind weggeblasen werden können, weil sich direkt darunter ein unterirdischer See befindet.

Die Apachen, die hier seit Jahrhunderten leben, wussten, dass sich ein Loch zwischen den Dünen über Nacht mit Wasser füllt, wenn man es gräbt.

Deshalb sind die Dünen immer feucht, angenehm kühl und beständig gegen den Wind.

Am äußersten Rand des Parks sind sie noch mit Gras und letzten Resten an Vegetation bedeckt. Dort gibt es Tierarten, die oft ihre Farbe anpassen, und auch weiß sind.

Ich fahre Richtung Westen, halte das Auto an.

Es ist Sonntagmorgen, es ist noch früh und es sind nur wenige Menschen unterwegs.

Ein Lehrpfad, von der Sonne verblasste Schilder, an einigen Stellen kann man noch die Erklärungen einiger Bewohner dieser Wildnis erkennen, Beschreibungen, wer wen isst.

Nicht nur die verschiedenen Eidechsenarten und Klapperschlangen, Mäuse, die nie Wasser trinken, und Hunderte von Vogelarten.

Hier eine Beschreibung des Tarantulafalken, einer Wespenart.

Der Tarantulafalke lebt von seinem Gegner, der größeren und giftigeren Tarantelspinne. Wenn die beiden auf Leben und Tod kämpfen, sticht die Wespe die Spinne, betäubt sie, schleppt sie unter die Erde, wickelt sie in einen Kokon und legt ein Ei in das Hinterteil der Spinne.

Wenn die junge Wespe schlüpft, fängt sie sofort an, die noch lebende Spinne zu fressen, und zwar von innen, wobei sie darauf achtet, die lebenswichtigen Organe nicht zu verzehren. Sie wächst heran und ist bereit für einen neuen Kampf mit dem Feind, dem sie ihren Namen verdankt.

Überall wird darauf hingewiesen, dass die Wanderer viel Wasser mitnehmen sollen.

Wasser ist der Schlüssel zum Überleben. Die Luft ist kalt und man spürt nicht, wie schnell das Wasser verdunstet.

Die Zukunft verdunstet. Sie verdunstet auf eine verschleierte Art und Weise. Alles, was ich gewesen bin und bei mir trage, verdunstet in diesen Gedanken, an diesem konkreten Ort, jetzt, in diesem Moment.

In diesem Moment sehe ich ihn.

Ich habe den Baum vor zwei Tagen bemerkt und bin jetzt gekommen, um diesen Moment zu ehren.

Vor dir, Baum des Lebens in der Wüste, weiß in weiß, vor dir drehe und verneige ich mich.

Ein Baum wie ein Mensch. Ein Baum mit Wurzeln wie riesige, wogende Beine.

Ein schwankender Schritt, in der Luft schwebend, ein Moment dessen, was war, was noch sein wird, jetzt, hier, in permanenter Stille.

Ein Baum des Lebens, weil du nicht tot bist, du Baum des Todes, weil du keine Blätter hast, ein Baum, der den Schatten mit der Sonne, das Blau mit dem Weiß, die Luft mit dem Sand, den Himmel mit der Unterwelt verbindet.

Zwei wandernde Paare gehen vorbei und unterhalten sich über Immobilienpreise, über die Orte, woher sie kommen, wo sie ihren nächsten Urlaub verbringen werden.

Der Baum steht und sagt nichts. Allein die Tatsache, dass er steht, ist seine ganze Sprache, das große Wörterbuch dieses Baumes.

Sein Schatten verrät etwas von dem Licht, das hinter dem Licht ist, dem Licht, das im Licht ist, dem Licht, das wir mit geschlossenen Augen sehen.

Unter diesem Baum habe ich keinen Namen mehr, weil ich gleichzeitig meine Vergangenheit und meine Zukunft bin, weil ich das sein werde, was ich schon war, und meine unergründliche Reise in die Auslöschung hierher mitbringe.

Der Wind weht plötzlich stärker. Er kommt von den nahen Bergen her und ist kalt, eisig. Als buhlte er um Aufmerksamkeit.

Ich erschauere, aber gleichzeitig kann ich meinen Blick nicht von dir abwenden, dir, dem Baum mitten in der Wüste, dem Baum am Rande der Wüste, dem Baum zwischen der Wüste des Himmels und der Wüste des Bodens, dem Baum zwischen der Wüste der Oberfläche, die sich bewegt, und dem Wasser in der Tiefe, das die Sandkristalle am Boden festhält.

Plötzlich spüre ich, wie selten zuvor, meine Einsamkeit.

Mein Leben, das vor mir steht, wie dieser Baum ohne Blätter.

All diese Versuche, das Unfassbare zu erfassen, im Augenblick lebendig zu sein, erfordern Sprache.

Solange man eine Sprache hat, ist man nicht allein.

So viele Sprachen, so viele missverstandene, aber an sich klare Sprachen.

Das Logbuch war immer ein Versuch, den unverständlichen Sprachen der Welt zu lauschen.

Und gleichzeitig auch ein Versuch, sich abzulenken, denn wo es Sprachen gibt, gibt es keine Einsamkeit.

Auch in der Einsamkeit gibt es meist eine Einsamkeit in mir. Wir leisten uns gegenseitig Gesellschaft.

Aber hier steht: ein Baum, der die ganze Sprache ist.

Bald wird auch diese Sprache verschwunden sein, sehr bald, denn bald war sie nur immer da, verschleiert von einem für uns unsichtbaren Licht.

Die Stille wird unterbrochen. Stimmen von jenseits des Horizontes.

Oh my god! Ein Zwitschern, wie ein Schwarm von Spatzen, der hereinfliegt, etwas aufpickt und wieder verschwindet.

Und davor Ausrufe, das Kauen von Wörtern, die modulierten Stimmen mit amerikanischen und europäischen Akzenten, ein Theater aus Stimmen, Pirouetten, ein Überhocken der Stange, eine doppelte Drehung, alle Arten von Stimmen, gutturale und nasale, Hupsignale und Grunzer, ein bemerkenswertes Theater der Stimmen auf dem Weg nach draußen.

Und da sind wir wieder, der Baum und ich, die Stille, die einkehrt, wenn sonst niemand mehr da ist.

Fast. Denn ich begehe den Fehler, während des Durchzuges der Wanderer aufzustehen, aus dem einzigen Schatten in der Nähe des Baumes, aus dem Schatten des toten Stammes eines anderen Baumes, der hier einmal stand, des Geschwisters des jetzt einzigen Baumes, und ich mache einen Schnappschuss.

Das Geschnatter der Passanten verstummt plötzlich.

Ich höre jemanden sagen: We should be doing what this guy is doing.

Alle zücken ihre Handys und machen Fotos von den Überresten des toten Baumes, jeder tut, was alle tun.

Niemand denkt daran, ein Foto vom einzigen lebendigen Baum in der Nähe zu machen.

Dann setzt die Sprache wieder ein, wie eine Art Maschine, die einen Sprachbildschirm um die Wanderer herum erzeugt, einen Wirbel, der hinter der Düne verschwindet.

Wie viele verschiedene Sprachen wir hier erleben. Wir sind ständig in sie eingekleidet. Die Welt ist voller Zeichen, die meisten davon für uns unerklärlich, aber wir haben schon immer gewusst, wie wir mit dem Unverständlichen leben können.

Unsere Vorfahren haben ihre Instinkte geschärft und einen Sinn für Vorahnungen entwickelt, der weit über die Sprache hinausgeht.

Wir glauben, es besser zu wissen, und verlassen uns auf Google und Versicherungspolicen, auf das Justizsystem und die öffentliche Wasserversorgung.

Aber wenn man alleine ist, und wenn nichts anderes übrig bleibt, als alleine zu sein, und wenn die Einsamkeit nichts Unangenehmes, nichts Schreckliches hat, wenn sie so ist wie das Weiß des Sandes, die Grundsubstanz der Zersetzung, wenn sie wie ein Aggregatzustand ist, in dem man ständig verdunstet und die Einsamkeit als höheres Gesetz akzeptiert, als eine Notwendigkeit der Struktur der Welt, dann schafft sie plötzlich Platz für eine Neubegründung, für das Abschleifen in eine Horizontale und das Hineinwachsen in die Mutter von allem, was war und für alles, was entstehen könnte.

Ein Moment so wie dieser Baum inmitten der Wildnis, am Rand der Wildnis.

Wie die Einöde, die um dieses Baumes willen da ist.

Ich erkenne ihn wieder, ich habe ein Bild von ihm im Internet gesehen. Es ist ein Pappelbaum, eine Art Pappel, „*Álamo*" auf Spanisch.

„Los Álamos" ist der Plural.

Vielleicht habe ich einst, bevor ich in die Welt geboren wurde, all diese Sprachen gesprochen?

Mein Instinkt sagt mir, dass ich aus Vergessenheit gemacht bin.

Jetzt spreche ich nur noch Sprachen, die aus Wörtern bestehen.

Mit einer Sprache, die aus einer Sprache gemacht ist, die niemands Sprache ist, die eine Sprache fürs Nirgendwo ist, für das hier.

Ich spüre, dass ich einst Teil dieser Wüste war.

Dass ich selbst ein solcher Baum war.

Dass die Zellen in meinem Körper Wasser sind, das in den Himmel übergetreten ist.

Dass die Zellen weiß sind, dass mein Überbleibsel, mein Tod, weiß sein wird, wie dieser Sand, wie all die Körper der Lebewesen vor Jahrtausenden, aus denen dieser Sand gemacht ist.

Ich war einst ein Teil dieses Sandes, jetzt bin ich nur noch ein gescheiterter und kläglicher Versuch, aus dem, was meine Einsamkeit sagt, so etwas wie Sinn zu schaffen.

Ich bin nur so lebendig, ich war nur so lebendig, ich werde nur so lebendig sein, wie meine Sprache lebendig ist, wie sie war und sein wird.

Die letzte Stille kommt, wenn ich sprachlos bleibe, wenn sich auflöst, was wie ein Stamm mein Blätterdach stützt, meine Wurzeln stützt, die unbeholfen aus dem Sand  klettern und wieder in ihn hineinspringen wie die müden Schritte eines Verirrten, wenn es keine Sprache dazwischen gibt, kein Dazwischen zwischen dem, was ich war, und dem, was ich sein werde.

Einmal kommen alle Zeiten zusammen in diesem Weiß, in diesem Licht, das ich bin, das mich umgibt, so dass ich weiß bin inmitten von Weiß.

All diese neunhundert und einige Schattierungen von Weiß, die das menschliche Auge wahrnehmen soll, und die meine Sprache, meine begrenzten Worte den Gegenständen, allem, was vorhanden ist, zuordnen: Alabasterweiß, Blauweiß, Schneeweiß, Cremeweiß, Apachenweiß, Eiweiß ...

Warum spricht es in mir? Und wer? Und zu wem? Zu welchem Zweck?

Ich verlasse dich, Álamo, und begrüße die Sonne in deinem Blätterdach, die Explosion des Lichtes zwischen den Ästen und die immer kürzer werdenden Schatten auf dem Sand.

Ich fahre tiefer ins Innere des Nationalparks, etwa acht Meilen auf einer asphaltierten Straße, die bald vollständig mit weißem Sand bedeckt ist.

Jetzt gibt es nur noch Sand und Himmel, weiß und blau.

Das Gras und das Gestrüpp sind verschwunden, jetzt gibt es nur noch Dünen, und hier und da ragt eine „Soaptree Yucca" aus dem Sand, eine Pflanze, aus der die Apachen früher Schuhe herstellten.

Der Parkplatz, auf dem ich vor zwei Tagen Zeuge des Vorfalles war, ist voller riesiger Wohnwagenanhänger.

Ich trage das Bild einer Zerstörerin mit mir, die auf dem Autodach Opfergaben darbringt, den stummen Klang eines Schusses, der noch immer zwischen den kristallinen Wänden der Luft steht.

Was ist mit der Frau geschehen? Ist sie noch am Leben?

Was ist mit ihren beiden Welpen passiert?

Und das Tier, das sie auf dem Autodach erstochen hat: Wer oder was war es?

Und warum ist das Ganze geschehen?

Es war, als ob zwei Welten aufeinanderprallten. Die Welt des Alltages, mit ihren notwendigen Regeln und Gesetzen.

Und eine ganz andere Welt, die Welt des Wahnsinnes, die rituelle Welt des Opfers.

Für wen? Für was?

Ich versuche zu argumentieren, ich versuche rational zu erklären, aber keine Erklärung reicht aus. Ich kann den Durst meiner Sprache nicht stillen, sie ist immer ein durstiges Tier, sie verlangt eine Rückkehr zu der Szene, die ich in mir trage, und neue Erklärungsversuche.

Die Szene stand in krassem Gegensatz zu den Szenen des Glückes und der Sorglosigkeit, die mich umgeben, wenn ich durch den Park fahre.

Besucher, die sich im Schatten ihrer riesigen Autos abkühlen, Kinder, die über die Dünen rennen, auf Plastikuntersetzern über den weißen Sand schlittern, Menschen, die ihren Sonntag genießen, die picknicken, essen, trinken, sich in der Sonne räkeln, sie sind sorglos.

Vielleicht ist das Staunen über dieses Nebeneinander, diesen minimalen Wechsel von Harmonie und Gewalt, bestenfalls ein Zeugnis meiner Naivität.

Man muss sie zusammen denken, die Schönheit und die Gewalt, die Salbung und die Empfängnis, nur von dort aus kann man weiter denken.

Selbst die brutale natürliche Schönheit, die uns umgibt, ist nur eine Seite der Medaille.

Gelegentlich wird der Park geschlossen, wenn auf der nahe gelegenen White Sands Missile Range Experimente durchgeführt werden.

Der größte Teil der Dünen liegt innerhalb des geschlossenen und bewachten Bereiches des größten Raketentestgeländes der USA.

Ich habe gelesen, dass dort seit 1945 mehr als zweiundvierzigtausend verschiedene Raketen abgefeuert wurden, von denen einige irrtümlicherweise im White Sands National Park gelandet sind.

Die gleichzeitige Erhaltung des Naturerbes, der Artenvielfalt und eines Testgeländes für die verheerendsten Waffen der Menschheit sind der ganze Stolz und wichtigste Arbeitgeber dieser Region.

Hier, in White Sands, begann das atomare Zeitalter der Menschheit mit der Explosion einer Bombe, die sie ein „Gadget" nannten.

Wie kann man die erfinderische Verspieltheit, mit der Kinder die Dünen hinunterrennen, purzelnd, rollend, hüpfend, voller Lachen und Freude, vom Erfindungsreichtum der Wissenschaft trennen?

Das Manhattan-Projekt war ein Karneval der Wissenschaft. Aufgrund des Krieges hatte Oppenheimer praktisch unbegrenzte Mittel und Möglichkeiten, um die größten Köpfe der damaligen Welt, Physiker, Chemiker, Ballistiker, Mathematiker und so weiter, nach Los Álamos und an andere Orte zu bringen. Die Entdeckung der Kernspaltung und wenig später die Erfindung der V2-Langstreckenrakete von Wernher von Braun machten plötzlich das Undenkbare möglich, aber es war Oppenheimer, der mit seinem außergewöhnlichen Charisma und Wissen die Menschen überredete, elektrisierte und inspirierte, jahrelang in völliger Geheimhaltung unter improvisierten Bedingungen zu arbeiten.

Das Ergebnis war das Ereignis aller Ereignisse, die erste Atomexplosion, die gleichzeitig die Möglichkeit der totalen Vernichtung bedeutete.

Die Auslöschung der gesamten Vergangenheit und damit der gesamten Zukunft. Die Auslöschung jeder Sprache.

Zweimal im Jahr gewährt die US-Armee Zugang zu dem Ort, an dem die erste Atombombe explodierte und der nach Oppenheimers Namensgebung des ersten Atomtestes Trinity Site genannt wurde.

Später war sich Oppenheimer nicht mehr sicher, warum er den Namen Trinity gewählt hatte. Oder wollte er es nicht verraten?

Ein Grund war das Gedicht von John Donne und Oppenheimers Jugendliebe Jean Tatlock, die ihm Donne nähergebracht hatte.

Oppenheimer, von Biographen als amerikanischer Prometheus bezeichnet, ist der Held, der den Menschen das Feuer gebracht hat, aber einen hohen Preis dafür zahlte.

Zugleich ist Oppenheimer auch der amerikanische Faust. Als linker Pazifist und Spitzenwissenschaftler hat er angesichts der Herausforderungen des Krieges seine ganze Energie in die Entwicklung von Waffen der totalen Zerstörung gesteckt.

Zweimal im Jahr, einmal im Frühjahr und einmal im Herbst, strömen junge und alte Menschen zur Trinity Site, um sie anzusehen, Fotos zu machen, mit ihren Hunden dort spazieren zu gehen, ihren Reiseführern zuzuhören und sich über die Hitze zu beschweren.

Das eine Mal in diesem Frühjahr war gestern.

Denn gestern ist immer noch möglich. Die Atombomben sind noch nicht explodiert. Wir leben noch mit der lebendigen Sprache der alltäglichen Apokalypse.

Die Bomben schlummern still in den Militärarsenalen einer Handvoll Weltmächte und wecken unser kollektives Bewusstsein

für die Möglichkeit der Vernichtung nur dann, wenn etwas furchtbar schiefläuft.

Wie zum Beispiel bei den Worten des russischen Präsidenten im letzten Jahr, während des Krieges in der Ukraine.

Oder bei Atomkatastrophen wie Tschernobyl oder Fukushima.

Dann trifft uns plötzlich der Tarantulafalke oder einfach nur das schlechte Gewissen, dass wir es nicht geschafft haben, das Bewusstsein ganz zu verdrängen, mit dem wir ja lernen mussten zu leben, nämlich: dass es eine reale Möglichkeit der Selbstzerstörung der Menschheit gibt.

Deshalb braucht es für unser Ende weder Außerirdische noch einen Kometeneinschlag, eine ökologische Katastrophe oder einen allgegenwärtigen Virus.

Oppenheimers Charakter ist der eines gefallenen Menschen, der einen Golem geschaffen hat, den er nicht kontrollieren kann. Die Miterfinder der Atombombe, Bohr, Szilárd und andere, wussten das, aber Oppenheimer hat seine Pflicht bis zum Ende erfüllt.

Es war wahrscheinlich unvermeidlich. Früher oder später wäre Oppenheimer irgendwo anders aufgetaucht, und die Menschheit hatte Glück, dass die Erfindung nicht in Hitlerdeutschland gemacht wurde.

Gestern fuhr ich durch die Nacht, zwei Stunden lang unter dem Sternenhimmel und im Schatten der Landschaft, auf einer unendlich geraden Straße, die nur einmal abzweigte. Ich fuhr nur einen Teil des Testgebietes ab, das eine Fläche von dreitausendzweihundert Quadratmeilen umfasst.

Um 6:20 Uhr stand mein Auto mit etwa siebzig anderen Personen in der Schlange zur Einfahrt in die White Sands Missile Range.

Ich fragte mich, wer die anderen waren, die von weit her angereist waren, um am Ground Zero zu sein, dem Ort, an dem die Detonation eines Sprengstoffes um einen Plutoniumkern im Bruchteil einer Sekunde eine Masse wertvollen Materials konzentriert hatte, die nicht größer als ein Tennisball war, so dass ein kritischer Punkt erreicht wurde und eine Kettenreaktion stattfand.

Ein kritischer Punkt ist der Zeitpunkt, an dem ein Stoff aufhört, sich nach den für ihn geltenden Gesetzen zu verhalten.

Kritisch wird es, wenn das, was war, und das, was sein wird, nicht mehr miteinander verbunden ist, nicht durch Geschichte, nicht durch Erinnerung, nicht durch Bewegung, Prophezeiung oder Schicksal.

Wenn die Wurzeln und das Blätterdach nicht mehr durch den Stamm verbunden sind.

Geburt und Tod zur gleichen Zeit. Ein kritischer Punkt und nach ihm kommt das Ende einer Sprache, die Geburt und Tod kennt.

Was auf die Kettenreaktion und die Explosion folgt, ist die absolute Abwesenheit von allem, Leere, Trostlosigkeit, Stille.

Nirgendwo wird dies deutlicher als am Ort des Trinity-Testes.

Denn am Ort einer Atomexplosion ist nichts zu sehen.

Weil nach dem Ereignis aller Ereignisse nichts bleibt.

Vor Jahren wurde an der Stelle der Explosion ein Obelisk errichtet.

Er ist nun der Ort, zu dem alle pilgern, nachdem wir unsere riesigen Autos, Häuser auf Rädern, Wohnwagen, Lastwagen und Kleinbusse geparkt haben.

Wir alle, die wir uns aus unseren tonnenschweren Pick-ups schälen, mit unseren Hunden spazieren gehen, die Fotoausrüstung auspacken.

Eigentlich ist uns allen klar, dass wir gekommen sind, um etwas zu sehen, das von allem außer unserem Unbehagen befreit werden kann.

So eilen wir alle mit unseren Haustieren und Prothesen, unseren Rucksäcken voller Cola und Burger zum Obelisken, um uns dort mit einem Foto zu verewigen, um uns dem Triumph von Oppenheimer und der amerikanischen Armee einzuschreiben.

Ich fühle mich äußerst unwohl.

Auch ich würde gerne etwas mit meiner Kamera einfangen, aber was?

Solange wir etwas einfangen, das es nicht gibt, brauchen wir uns nicht damit zu befassen, dass wir selbst eingefangen wurden.

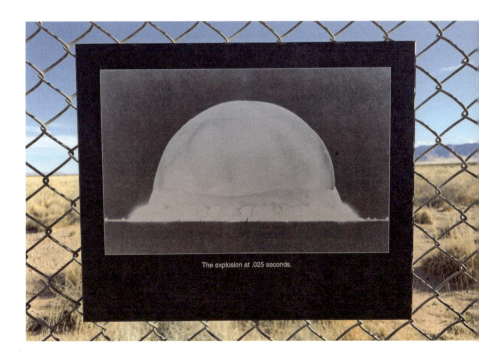

Die Leute fotografieren den Obelisken, dann fotografieren sie die verblassten Schilder, dann fotografieren sie die Leute, die die Fotos machen.

Die Trinity Site füllt sich. Um 10:00 Uhr kommt ein Konvoi von hundertzwanzig Fahrzeugen und Bussen an.

Und wir alle machen ein Foto mit dem Obelisken.

Wir warten alle in langen Schlangen auf die Busse, die von jungen amerikanischen Soldaten gefahren werden.

Danke, dass ihr unserem Land gedient habt, höre ich viele Leute sagen.

Die Busse rumpeln die staubige Straße hinunter und bringen uns zu dem abgelegenen Haus, in dem die erste Atombombe zusammengebaut wurde.

Wir laufen in das Haus, das nach dem Farmer, dessen Farm von der Armee beschlagnahmt wurde, die McDonald-Ranch genannt wird. Wir machen ein Foto von dem leeren Raum. Dann von einem anderen leeren Raum. Und von einem dritten leeren

Raum. Die Räume sind völlig leer. Kahle Wände, nur ein elektrisches Kabel mit einer Glühbirne hängt in jedem Raum von der Decke. Die Sonne scheint durch die Fenster und lacht. Dann endlich, an einer der Glühbirnen ein Zettel mit der Aufschrift „PLUTONIUM ASSEMBLY ROOM". Und nun stehen wir alle um die Glühbirne mit dem Zettel in der Mitte des Raumes herum und machen wie wild Fotos.

Die Menschen sind offensichtlich nicht beunruhigt über die totale Leere des Hauses und den Ort der Explosion. Trotz der schrecklichen Nachricht wollen wir so gut es geht weitermachen, Fotos machen, Erinnerungen sammeln, Orte sammeln, Souvenirs sammeln. Und weil wir nichts Besseres zu tun haben, rennen wir alle zu dem Lastwagen, an dem T-Shirts mit dem Atompilz und dem Wort „Trinity" darauf verkauft werden.

Bei einer Atomkatastrophe wird jede Erinnerung, jedes Archiv, alles, was war, ausgelöscht.

Ich sehe mir die Fotos vom ersten Sekundenbruchteil der Explosion an.

Ein starkes weißes Licht, stärker als das der Sonne, ein Weiß, das hinter dem Weiß, hinter allen weißen Lichtern steht, das Licht der Schöpfung und des Endes unseres Universums. Dann ein Feuerball und ein Wolkenpilz.

Nicht eine Wolke, ein Baum. Ein atomarer Baum der totalen Zerstörung, ein Stamm aus explosivem Schock und ein Baldachin aus atomarem Regen.

Einhundertdreißigtausend Menschen starben an den Folgen der neun Sekunden nach der Explosion von Hiroshima.

Achtzigtausend Menschen starben an den Folgen der neun Sekunden nach der Explosion von Nagasaki.

Hunderttausende von Menschenleben zerstört.

Sie machen Selfies, sie feiern ihre Pflicht gegenüber ihrem Land. Sie sind stolz auf die Leistungen ihrer Armee und Wissenschaft. Sie sagen „wir".

Um mich herum herrscht eine Stille, die ich nicht kenne.

Eine Stille der reinen Einsamkeit, die schmerzt, wenn ich mir nur erlaube, in das Licht im Licht zu schauen, in die blinde Szene der Zerstörung.

Auch bei Dünen gibt es einen Punkt, an dem die Düne ihre maximale Neigung erreicht hat, dann kippt sie um und der Wind setzt wieder ein. Auch die Dünen bewegen sich langsam, für das menschliche Auge unsichtbar, zwischen ihrer Entstehung und ihrer Zerstörung. Dieser Punkt, an dem die Düne umkippt, hat einen sehr schönen Namen: Schüttwinkel.

Ich würde mir wünschen, dass wir alle unseren eigenen und unseren gemeinsamen Ruhewinkel finden und nicht umkippen.

Zumindest wenn es um tödliche Waffen und das fragile Gleichgewicht in der Welt geht.

Seit zwölf Jahren bin ich auf der Suche nach meinem eigenen Ruhewinkel und kippe immer wieder um.

Ich habe nach Sprachen innerhalb meiner Sprache gesucht, nach Worten für die Zustände, die durch all das, was ich bin, durch all das, was ich nicht bin, durch all das, was um mich herum war und nicht sein konnte, durch das, was fehlte, ausgelöst wurden, und ich habe versucht, eine Sprache für die unbekannten, aber erahnten Orte, für die andauernden Enden zu finden und zu verstehen.

Geschrieben vor Ort, im Logbuch, geschrieben an einem Ende.

Jemand folgt mir auf dem Rundweg, wo ich mich im rettenden Schatten eines Regenschirmes setze. Die Stunde neigt sich gen Mittag und die Sonne ist unerträglich heiß. Ein Paar, das durch die weiße Wüste läuft, bleibt stehen, um ein Foto zu machen.

Der junge Mann weist die junge Frau an, sich in Pose zu werfen, es sei besser, sich nicht zu bewegen.

Die Wüste zu fotografieren ist wie die Erinnerung an eine Auslöschung, ein Sprechen ohne Worte.

Es gibt praktisch keine Motive. Mittags, wenn es keine Schatten gibt, gibt es nur leichte Variationen des Lichtes, Abdrücke im Sand, den leuchtenden Himmel.

Ich denke wieder an gestern. Unter dem Obelisken auf dem Dreifaltigkeitsplatz eine Fernsehkamera, Journalisten, ein Team aus Japan.

Sie beobachten die triumphierenden Posen der Menschen, die Selfies machen und mit den Händen das Siegeszeichen zeigen.

Sie warten höflich, dann gehen sie noch näher an den Obelisken heran.

Hiroshima ist hier.
Nagasaki ist hier.
Und die Sonne ist hier.
Die Sonne zeigt winzige Trinity-Partikel, die um den Explosionsort herum verstreut sind.
Die Atomexplosion war so heftig, dass sie den Sand zu Glas verschmolzen hat.
Nach der Explosion wurde Trinity Site größtenteils eingeebnet, der Krater gepflügt und mit Bulldozern zugeschüttet.
Doch mit der Zeit treibt der Wind winzige Trinity-Fragmente an die Oberfläche, die in der Sonne glitzern.
Es ist strengstens verboten, sie zu sammeln.
Aber viele suchen danach, um sie weiterzuverkaufen.
Im Gefolge von Katastrophen werden Namen für neue Elemente geschaffen.
Die Liebe von Oppenheimer, der sein Herz für den Kommunismus und die religiöse Poesie von John Donne öffnete und den Namen Trinity wählte, beging noch vor Kriegsende aufgrund von Depressionen Selbstmord.
Oppenheimer fiel als Linker unter McCarthy in Ungnade und wurde erst nach seinem Tod vollständig rehabilitiert.
Scharen von Kriegsveteranen, Mitglieder verschiedener historischer Gesellschaften, Kriegsversehrte, Touristen, Biker auf Touren zu den Orten, die unsere Welt gewaltsam verändert haben.
Sonne, warum bist du so schnell unterwegs? Warum hast du es so eilig?
Ich spreche zu dir, Sonne, kannst du mich hören?
Wer bin ich, der da spricht?
Du stehst direkt über mir, so dass ich selbst zu einem mich bewegenden Baum in einer weißen Wüste werde, keine Blätter, kein Schatten, ich bin nur ein Stamm, der geht, und Wurzeln hat, die sich wie Gedanken über den ganzen Erdball ausbreiten.
Um 14:00 Uhr White Desert Time wacht der Wind auf.
Auf meinem acht Kilometer langen Rundweg zwischen den Dünen treffe ich niemanden mehr.
Meine Füße versinken im Sand, der Sand sickert in meine Schuhe, meine Schuhe versinken im See irgendwo unter dem trockenen Sand.

Nur hier und da, wie Einblicke in eine Vergangenheit, die noch nicht vergangen ist, in eine Zukunft, die immer schon längst stattgefunden hat, zwischen den Dünen in der Ferne und den Schatten von Wanderern, die im Nichts wandern, auf dem nach der Alkali-Ebene benannten Rundweg.

Der Weg schlängelt sich bis an den Rand des Parks, von dem aus man in der weißen Ferne Militäranlagen erkennen kann.

Die Alkali-Ebene, von der ich gelesen habe, dass sie die Form des Philtrums eines Babys hat, der Haut zwischen Oberlippe und Nase, der Vertiefung, die ein Engel mit einem Fingerabdruck hinterlassen hat, um das Kind daran zu erinnern, dass es über alles sprechen soll, was es vor der Geburt erlebt hat.

Es gibt Hunderte, Tausende von Fußabdrücken in White Sands.

Wir Menschen, Maschinen und Tiere hinterlassen sie unermüdlich.

Der Wind wischt sie weg.

Und manchmal tut er das nicht.

Nimm nur die Fußabdrücke in den Überresten eines nahegelegenen Salzsees. Unsere Vorfahren haben sie vor dreiundzwanzigtausend Jahren unabsichtlich hinterlassen. Als Archäologen sie vor weniger als einem Jahrzehnt ausgruben, rückte die Entdeckung die Theorien über die ersten Besiedelungen Amerikas um Zehntausende von Jahren in die ferne Vergangenheit.

Wo auch immer ich hingehen werde, es liegt alles schon hinter mir, aber es bleibt unbekannt, unsichtbar im Weißen, im weißen, blendenden Licht.

Ist dieses Licht das Licht der Götter? Ist es dasselbe Licht, das Oppenheimer blendete, als er am Morgen des 16. Juli 1945, genau um 5:29:49 Uhr Mountain War Time, die Zerstörungskraft des Gadgets seines Lebens beobachtete?

Ich denke an all die Orte, an denen ich für einen flüchtigen Moment, für den Bruchteil eines Bruchteils eines Bruchteils einer Zeit, das Licht im Licht gesehen habe.

In der Spiegelung eines Schaufensters des Maximarktes in Ljubljana.

Im Origami in den Händen von alten Fischern, deren Dorf vom Tsunami zerstört wurde, in Minamisōma.

In den künstlichen Flügeln einer lebenden Engelsskulptur mitten in der Nacht in Mexiko-Stadt.

In Plastiktüten, die vom Wind über einen Park voller Flüchtlinge mitten in Belgrad geweht werden.

In der Eisenkonstruktion der Brücke der geplanten Autobahn, die ein Jahr später ein glückliches Dorf bei Kochi zerstörte.

In dem Mädchen, das in Solowki auf den Ruinen neben dem Hafen Geige spielte.

In den sich drehenden Speichen der Räder der illegalen Altpapiersammler in Shanghai.

In der Blüte der gelben Goldruten in Bautzen.

Licht im Licht im schäumenden Atlantik am Ende der Welt in Costa da Morte.

Licht im Licht in dem unsichtbaren Strahl, der das Universalgedicht von einem Kinderspielplatz in Porvenir ins All schoss.

Licht, so viel Licht in den Augen, die den Tod gesehen haben, in Hargeisa.

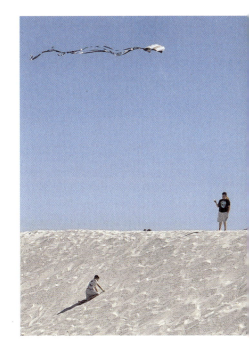

Und jetzt, hier, am Ende meines Weges, im Weiß, weißer als weiß, im sengenden Weiß der Abschaffung von allem, das selbst noch die Sprache dafür abschafft.

Was ich bin, bin ich nur im Werden. Was ich sein werde, bin ich seit Ewigkeiten.

Die Poesie ist wie eine Pflanze, die in White Sands wächst und über die ich gelesen habe. Sie heißt Reina de la noche, sie blüht nur eine Nacht lang. Man muss sie in der Dunkelheit sehen. Und demjenigen, der das tut, wird Glück prophezeit.

Manchmal ist es nicht leicht, wie ein Baum zu gehen. Der Wind verwischt Wurzeln und Ursprünge.

Ich fühle, dass die Sonne mich verbrannt hat. Dass ich mit der gläsernen Liebe der Sonne verschmolzen bin.

Der Kreis schließt sich und ich kann nicht genug bekommen, um meinen Durst zu stillen.

Ich nehme lange, leere Schlucke. Aber es ist, als ob kein Wasser im Wasser ist.

Ich starte das Auto, vorbei an den Tagesausflüglern, die den Sonntagnachmittagswind nutzen, um Drachen steigen zu lassen.

Ich sehe zwei Jungen, einen oben auf der Düne mit einem Drachen, den anderen unten am Fuße der Düne. Der eine will oben bleiben, der andere will den ersten ablösen.

Wie ein Gleichgewicht. Ein kritischer Punkt. Und ein Drachen.

Ich bleibe wieder an der Stelle stehen, an der vor zwei Tagen der Schuss gefallen ist.

Ich kann ihn immer noch hören, das Geräusch des Schusses steckt noch in mir.
Ich habe dort den Körper einer Frau liegen sehen. Ist sie noch am Leben?
Später streuten sie Sand über die Fußabdrücke.
Sand über die Blutstropfen im Schnee.
Ich bleibe stehen.
Alles ist weiß. Alles ist sandig weiß in weiß.
Eine junge Familie hat einen Tisch mit Stühlen für einen Imbiss genau an der Stelle aufgebaut, an der vor zwei Tagen ein Schuss gefallen ist und an dem ein blutüberströmter Körper lag.
Um 16:00 Uhr beginnen die Schatten wieder zu wachsen und die Wüste nimmt ein geheimnisvolles, tiefes Weiß an.
Neunhundert Namen für Weiß.
Ich verlasse White Sands.
Langsam, langsam, liebe Sonne, nur keine Eile.
Ich habe White Sands verlassen, lange bevor ich es betreten habe. Der Kreis kann nie vollendet werden.
Wenn es einen Kreis gibt, war er schon immer vollständig.

Wenn es einen Kreis gibt, dann ist es der Kreis der Sonne am Himmel.

Wenn es jemals einen Kreis geben wird, bin ich der Baum in der Mitte dieses Kreises. Weiß.

Und in meinem Ende gibt es einen Anfang.

Danksagung des Autors

Ich bin meiner Frau Maja und meinem Sohn Taras zu großem Dank verpflichtet, für ihre endlose Geduld und Unterstützung während der zwölf Jahre, die ich am Logbuchprojekt geschrieben habe.

Ich möchte Marko Herzog und Jerneja Zajc Katona für ihre unschätzbare Hilfe beim Zustandekommen der slowenischen Originaltexte und bei der Produktion der unmittelbaren Publikationen danken sowie meinem slowenischen Verlag Beletrina.

Besonderer Dank geht an die geschätzte Dichterin Carolyn Forché, die das Wagnis eines performativen Entstehens des Vorwortes auf sich genommen hat. Danke für ihr genaues Lesen und Verstehenwollen.

Vielen weiteren gebührt Dank, sie werden hier mit den Schreiborten genannt:

Costa da Morte/Santiago de Compostela: Maria Lado, Chus Pato, Yolanda Castaño.

Punta Arenas/Porvenir: Pep Olona, Peru Saizpres, Julio Carrasco, das Künstlerkollektiv von Casagrande.

Hargeisa: Jama Musse Jama, Moustafa A. Ahmad und dem gesamten Team des hervorragenden Kulturzentrums HCC in Hargeisa, Abelirasak Hassan, Saeed Shukri Hussein, Ahmed I. Awale, Naajax Harun, Saado Abdi Amare und Fatima Hudoon, Mubarik Abdirahman, Ranka Primorac, Nadifa Mohamed, Massimiliano „Macs" Reggi.

White Sands: Renate und Samo Rugelj.

Ganz großer Dank gebührt dem Haymon Verlag, der zwölf Jahre lang ans Logbuch geglaubt hat, insbesondere Dank an Katharina Schaller, Markus Hatzer und die Projektleiterinnen und Lektorinnen, die mit größter Sorgfalt meine Bücher betreut und lektoriert haben: Dorothea Zanon, Nina Gruber, Nadine Rendl und Sarah Wegscheider.

Das Logbuchprojekt versucht, literarisch mit Unmittelbarkeiten und dem reinen, pulsierenden Leben zu arbeiten. Es lebt von der Sprache. Ich kann nicht dankbar genug dem Dichter, Übersetzer und Freund Matthias Göritz dafür sein, eine lebendige Sprache im Deutschen für die Logbücher geschaffen zu haben.

Aleš Šteger
Logbuch der Gegenwart – Taumeln
168 Seiten, gebunden mit Schutzumschlag
ISBN 978-3-7099-7233-5

Ljubljana, Platz der Republik, am Tag des prophezeiten Weltuntergangs; Minamisōma nahe dem Atomkraftwerk von Fukushima; Mexico City während einer Demonstration gegen den Umgang der Regierung mit dem Mord an 43 Studenten; Belgrad, Busstation, Zwischenstopp syrischer Flüchtlinge auf ihrem Weg nach Ungarn – mit einem Blick durch die Augen des Dichters ebnet Aleš Šteger den Weg direkt in die Seele unserer Gegenwart. Exakt zwölf Stunden gibt sich Šteger Zeit, um seine Eindrücke festzuhalten, die direkt aufs Papier fließen. So entstehen seltene Momente der Wachheit, in denen sich die Wunden unserer Welt auftun, aber auch Tröstliches offenbart sich.

„*Im Wechsel von Landschaftsbeschreibung und Reflexion findet Šteger Sätze, die den Bildern, die in den Medien verbreitet wurden, eine andere Sichtweise entgegenhalten.*"
Süddeutsche Zeitung, Nico Bleutge

www.haymonverlag.at

Aleš Šteger
Logbuch der Gegenwart – Aufbrechen
200 Seiten, gebunden mit Schutzumschlag
ISBN 978-3-7099-7234-2

Bautzen: Heimat der sorbischen Minderheit und Standort eines ehemaligen Stasi-Gefängnisses; Solowki: heiliger Boden mit traumatischer Gulag-Vergangenheit im Weißen Meer; Shanghai: bevölkerungsreichste Stadt Chinas und wirtschaftliche Boomtown; Kochi: südindisches Ballungszentrum mit Überfülle an Farben, Aromen und pulsierendem Leben – Aleš Šteger reist an faszinierende Orte abseits der Touristenpfade, wirft sich ins Getümmel hektischer Metropolen und begegnet berührenden menschlichen Schicksalen.

„*Aleš Šteger ist das Gegenteil eines Elfenbeinturm-Poeten. Er reist viel, und zwar an Orte, wo die Probleme und Wunden der Welt besonders sichtbar zutage treten: nach Fukushima, Mexiko-Stadt oder auf die Nordrussische Klosterinsel Solowki, die zu sowjetischen Zeiten lange als Straflager diente. Seine Reiseskizzen, jeweils ad hoc aus unmittelbarer Wahrnehmung und Erfahrung entstanden, sind im ‚Logbuch der Gegenwart' nachzulesen.*"
NZZ, Ilma Rakusa

www.haymonverlag.at